法学者・法律家たちの八月十五日

日本評論社法律編集部 編

日本評論社

はしがき

昭和二十年八月十五日、正午。雑音まじりのラジオから流れてきた、あの独特の抑揚をもった「玉音」を人々はどのような感慨をもって聞いたのだろうか。そしていま、あの日をどのような思いで振り返っているのだろうか。〔改行〕あれから三十年以上の年月が流れた。あまりにかまびすしい議論の日々が過ぎて、最近では語られることの少なくなった八月十五日が今年も近づいてくる。〔中略〕さまざまな法学者のさまざまな夏がここに記されている。わたしたちが、いま一度「あの日」の意味を考えてみるよすがとなれば幸いである。

本書は、『法学セミナー』誌上における特別企画「私の八月十五日」を再録したものである。この企画が掲載されたのは、敗戦からちょうど三十年を経た、一九七五年八月号(二四二号)のことであった。冒頭に掲げた一節は、好評につき同じ企画の第二弾が行われるということで、一年後の一九七六年八月号(二五七号)に当時の編集部が寄せた文章から抜粋したものである。一読して格調の高い名文であるが、ここに引用したのはそのためだけではない。というのもこの一節には、戦後三十周年という節目に際してこのような特集が企画された理由の一端が語られているからである。それはすなわち、この当時、「あの日」への関心が薄れ始めていたということにほかならない。

このことは、二〇二一年に生きる我々からするとやや意外であるようにも感じられる。「八月ジャーナリズム」の隆盛は、毎年やって来る八月十五日に「あの日」を意識しないことを、ほとんど不可能にしているからだ。けれども、敗戦から七六年が経過した現在、「あの日」をめぐって毎年のように繰り広げられる「あまりにかまびすしい議論」は、すでに「あの日」の記憶から遠く隔たってしまってはいないだろうか。そうであるとすれば、「あの日」の記憶が永遠に失われてしまう前に、「あの日」の記憶を記録した四五年前の企画を改めて世に問うことにも意味があるように思われる。

本書に登場している人々は、多彩な経歴を有しているとはいえ、そのほとんどが法律家であり、しかも女性は一人もいない。その意味において、本書が「偏った」記憶の記録であることは否めないが、幸いなことに、三名の優れた歴史家にナビゲーターとしてご協力を仰ぐことができた。彼らの道案内に従うことで、この国の法律学にとってあの戦争がどのような意味を持っていたのかについて、読者諸賢には明晰な見取図が得られるであろう。その見取図を片手に、皆さんが日々の生活を営んでいるそれぞれのフィールドで「あの日」の意味を考えて頂ければ、解説者の一人としてこれに勝る喜びはない。

最後になるが、本書の企画から刊行までの道のりを文字通りリードして下さった日本評論社の小野邦明氏に、この場を借りて厚く御礼を申し上げる。

解説者を代表して　二〇二一年五月三日　西村裕一

私の八月十五日　目次

私の八月十五日　第一集

私の八月十五日　第二集

解 説

編集にあたって

一　本書の底本は「法学セミナー」一九七五年八月号（二四二号）および一九七六年八月号（二五七号）に掲載された特別企画「私の八月十五日」である。前者を第一集、後者を第二集として掲載した。

二　特別企画「私の八月十五日」の寄稿者の肩書きは法学セミナー寄稿時のものである。寄稿者の生没年は編集部が補充した。

三　本書には、現代では不適切と思われる表現があるが、時代背景や執筆者の意図、本書の歴史的価値などを考慮し、明らかな誤植を除き、すべて原文のまま掲載した。

四　漢字と平仮名の使い分けは原則として原文の通りとし、送り仮名も明らかな誤りを除いて原文のままにしている。

――編集部

私の八月十五日　第一集

三〇年目の八月一五日
——戦争体験と法律家

長谷川正安

八月一五日

今年もまた八月一五日がやってくる。

舞鶴の海軍病院のベッドの上で、敗戦を知ったこの日は、年々、同じ時間的間隔をおいてやってくるが、これをむかえる私の印象は、年々同じというわけにはいかない。「思い出」というものは、だれにとってもそうであろうが、それを思い出す人間のおかれている条件のちがいに応じて、微妙に変化していくのが一般である。同じはずの「思い出」が、年月の流れのなかで、少しずつ変わっていく。私にとって八月一五日が、まさにそのような「思い出」なのであった。

敗戦で大学生活にもどってから一〇年ぐらいは、八月一五日は思い出すのも不愉快な一日であった。

昭和一八年一二月一日、文字通り学業なかばで兵隊にとられ、ただちにフィリピンのパナイ島イロイロ市で新兵教育を半年うけ、内地にかえって習志野の防空学校でさらに半年高射砲の訓練をうけ、昭和二〇年八月まで陸軍の御用船にのせられて物資・兵員輸送の護衛をしていた私にとって、この軍隊にいた期間が、大学で法律を勉強していた前後の期間とどうしてもつながらないのであった。昭和一八年一二月一日から同二〇年八月一五日までは、私の生涯にとって、まったく外から理由なしにおしつけられた異常な期間であった。私は一日も早くそんな期間の存在を忘れたかった。異常な期間の最後の日である八月一五日も、それが軍隊生活の最後の日である以上、思い出したくなかった。私にとって、外からおしつけられた八月一五日が、解放の日だなどと感じられるはずもなかった。

大学にもどり、研究室にのこって法学の研究をつづけることになったが、一〇年ぐらいの間は、時々船にゆられたり、空襲をうけたり、高射砲をうつ夢をみた。夜中に号令をかけたりしたこともあるらしい。戦前の大学生活と戦後の研究生活が底知れぬ深い溝で分断され、どうしてもつながらない時期がつづいた。一時期記憶喪失になったものとはちがうにしても、自分の生涯のある部分に、自分で説明できない、納得しがたい重大な欠落があるというのは、なんとも不愉快なものである。なんとも居心地の悪いものである。それを思い出すきっかけになる、八月一五日などこない方がよかった。

しかし、占領が終わり、朝鮮戦争がこう着状態にはいり、「雪解け」がはじまるころになると、軍隊生活の思い出からなまなましさがしだいに消え、傷がなおって薄皮ができ、傷痕が分からなくなるように、戦前・戦後の研究生活がいつとはなくつながるようになった。それとともに、個人的な戦争体験を客観的な研究対象にすることが可能になった。思い出したくもなかった時期をあえて研究対象にすることによって、この時期にたいする私の印象は少しずつ変わってきたように思われる。私の『昭和憲法史』(昭和三六年)が着手されたのはこのころのことである。戦争体験のなまなましい記憶がうすれたことが、それを研究対象にすることを可能にしたのか、あえて研究対象にしたことによって、記憶が個人的なものでなくなったのか、いずれが原因で、いずれが結果かはっきりしない点はあるが、個人的戦争体験を客観視できるまで、一〇年以上の年月が必要であったということだけはたしかである。八月一五日は、私にとって相変わらず、思い出すのもいやな日であったが、たとえいやでも思い出し、その意味を確認しなければならない日になってきた。

昭和三五年の「安保闘争」の時期がすぎると、私の接する若い人びとは、私たち戦中派が戦前・戦後を問題にするように、安保前・後を問題にするようになった。「高度成長」がつづき、国民の消費生活の様式がいちじるしく変化するにつれて、戦争や戦時の思い出は遠い過去のものとなった。マスコミはうわべの繁栄を背景にして、戦後は終わったと強調し、戦争を知らない若者たちの弱点を正当化した。しかし、日本の自衛隊が数次の年次計画をへて急増し、軍国主義の傾向がいろいろな政治・社会の部面に顔をだすのは、まさにこの時期なのであった。

私自身についていえば、二〇歳から二二歳までの戦争体験は、時がたち、四〇歳をすぎてみると、生涯の中断というより、生涯の出発点でしかなくなってきた。五〇歳をこえればなおのことである。このようにして、八月一五日は、戦争体験の終了日というより、私の研究生活の出発点と考えられるようになった。戦後日本の出発点が、私自身の研究生活の出発点と考えられるようになり、ようやく、八月一五日を語ることが、そんなに苦痛ではなくなった。「月刊労働問題」（七四年九月号）にこわれるまま、長く、そして憂鬱だった「私の八月一五日」を率直に書くことができたのは、このようにしてである。

今年、三〇年目の八月一五日をむかえ、個人的わだかまりのほとんどなくなったところで、この八月一五日の社会的意義を語ることができるのは、なによりも三〇年という戦後体験のおかげである。私の世代は、その意味では戦中派というより、戦後派ということになるのであろう。

政治と法

戦争体験は私に、法にたいする政治の優位をいやというほど教えてくれた。日本の軍隊生活には、およそ近代的意味の法などというものは存在しなかった。すべては上下秩序であり、人間の平等はどこにも存在しなかった。上は大元帥陛下から下は一等兵まで、一寸きざみに階層がつくられ、同じ一等兵でも新兵は古兵の下にいた。そしてこの上下の徹底した秩序を逆転できるものがあるとすれば、それはただ暴力だけであった。炊事にたむろしている兵隊ヤクザの暴力には、下士官も若い将校も手をつけられなかった。食カンを洗って、おそるおそる炊事係の検査をうけたことのある兵隊経験者なら、程度の差こそあれ、それに似た事実を目撃したことがあるであろう。

しかし、よく考えてみると、暴力と上下秩序しかない軍隊生活は、戦時下日本の縮図なのであった。

そしてそれを外から保障しているのが、私が大学でまなんだ明治憲法なのであった。明治憲法下の日本には、対等・平等な人間は存在しない。上は天皇から、皇族・華族・官吏・吏員・軍人・戸主・夫・男、そして下には妻である女まで、封建的・家族制度的・官僚的上下秩序がいたるところで貫徹していた。明治憲法の第二章からは、注意深く平等権にかんする規定がのぞかれていた。明治憲法で権利・義務の主体とされているのは国民ではなく臣民 subject であったから、明治憲法制定の御前会議で森有礼がのべたように、臣民には分際があるだけであった。臣民の分際で国家にたいして権利を主張するなど、不届至極というわけであった。

明治憲法第一一条でみとめられたという「統帥権の独立」が、軍という名の暴力をのばなしにしていた。軍は政治から超然としているどころか、政治を支配するだけでなく、しまいには、軍事そのものが政治となった。内閣も政党も、そして国民の一人ひとりはもちろん、軍事隠政治に口をだすことができなかった。そして、この暴力機構としての軍の中で、上下秩序をくつがえすことのできるのは、五・一五事件や二・二六事件がしめすように、下級将校の暴力＝クーデタなのであった。兵営の中隊にあって炊事の兵隊ヤクザがおそれられたように、下級将校のクーデタ計画は国家的規模でおそれられた。私の体験した軍隊生活は、日本人の生活を凝縮したものであったといってよかろう。

このような国家と社会にあって、法律家はなにをなしえたか。一口にいってしまえば、なにもなしえなかったのではないか。私は、司法試験の準備をしていた兄の影響で、子供の時から法律には関心があった。そのころから弁護士は私の理想の職業であった。しかし、今考えてみると、法律家がなにもなしえないような時代に、どうして弁護士になりたいなどと考えたのか不思議である。

　私が中学校に入った年（昭和一〇年）、天皇機関説事件がおきた。明治の終わりから大正にかけて、公法学界を二分して争われた「美濃部・上杉論争」で、美濃部の国家法人説・天皇機関説は支配的学説となり、それが二〇年以上つづいたのに、「国体明徴」を呼号する陸軍の圧力で、その学説は国禁となった。精緻な法理論は、声の大きな政治的スローガンのまえに、ひとたまりもなく崩壊したのであった。

　大学の予科に入って法律の勉強をはじめた時、国家総動員法（昭和一三年）の憲法論というのがあるのを知った。臣民の権利・義務にかんする事項を、ほとんど勅令に白紙委任している同法は憲法違反ではないかという議論である。これを主張したのは、議会内での政党所属議員であった。官僚はもちろん、学者の多くは合憲論であった。そして学者の中には、明治憲法三一条の非常大権でこれを説明するものまででてきた。白紙委任の法律を非常大権で説明するというのは、もはや憲法論とはいえない。苦しまぎれの屁理屈か、言葉の暴力といってもよかった。明治憲法三一条を援用する法律家に、同条にたいする批判の気持が少しもなかったことはたしかである。法律家は、ここでは、なにもできないだけでなく、してはならないことまでしている。すなわち、裸の暴力に、その実体をおおいかくすベールをかけるという役割を演じていた。

　そして昭和一五年には近衛の新体制であり、大学の学部に入る一七年には、太平洋戦争がはじまっており、法といえば統制法規ばかりが目についた。法は暴力的支配の外被にすぎなくなった。この当時マルクス主義に接していたとすれば、レーニン的な国家と法のとらえ方にたちまち共感をしめしていたことであろう。法は階級支配の武器であることが、そのつもりでみればだれの目にも明白であった。
昭和一八年一二月一日、学徒動員ということで、私たちは、それまでの自分の日本人としての生活を、軍隊内でおさらいをしなければならなかった。

法学と法律家

暴力の支配していた国家、政治の優位していた社会で、伝統的日本の法学が、法律の形式的枠組だけを問題とする解釈論に終始していたのは偶然ではなかった。日本の法は、明治憲法をはじめとして、ほとんどの法律が、形式だけは近代的であったが、中身はおよそ前近代的なものを多分にもっていたからである。昭和二〇年八月一五日にはじまる戦後日本で、法律家はそのような点をどのように反省したか。法学はそこからなにをまなび、自分の体質を変えようとしたか。

戦後しばらくの間は、各界で戦争責任が問題になった。一五年戦争を国をあげておこなってきた日本で、それが敗戦に終わった以上、なんらかの形で戦争責任の問題にならない領域はないはずであった。極東軍事裁判という形の戦争責任の追及は、軍人・官僚・政治家にたいして手きびしいものがあった。暴力と政治が支配した戦前の日本への批判として、それは当然だといえる。同じ戦争責任の追及は、教育者・ジャーナリストにもおよんだ。私の復学した大学では、戦後最初の学長選で、戦争中教授会を構成していた教授は被選挙資格がないという声が学生の間からおこり、それが暗黙の了解事項になった。

被選挙資格があったのは、たった二人の教授だけであった。

ところが、戦争責任の追及のまったくおこなわれなかった領域が二つある。一つは財界であり、他の一つは法曹界である。財界そのものには追放がなかったにせよ、多くの財界人は深く政治と結びついていたから、その限りでは戦争責任の追及を完全にまぬがれることはできなかった。とすると、唯一の無風地帯は裁判所であり、弁護士会であったといってよかった。あの悪名高い治安維持法（大正一四年）を二〇年にわたって適用し、思想・信仰・学問等の自由を徹底的に抑圧してきた裁判所から、一人の戦犯も、戦争責任による追放者もだしていないということは、驚くべき事実ではないだろうか。天皇の名において裁判をしていた日本の裁判官たちは、天皇と同じように、戦争にたいしてなんの責任もおおうとしなかった。天皇の戦争責任はそれでも問題にだけはなったが、裁判官の責任は問題にもならなかった。天皇以上に無責任であったのが日本の裁判官だったといえる。裁判官の責任を回避させたのは、形だけの法律であり、責任のない法の解釈であった。日本の法学は、法律に違反するものの責任を問題にするが、それを解釈・適用するものの責任を問題にしようとはしなかったのである。

戦後の法学が、法の形式より中身を、法そのものよりはその社会的基盤に強い関心をしめしたのは当然であった。天皇を頂点とした暴力の体系が急速に崩壊し、理論的裏付けのない権威がいかに簡単に失墜するかをいやというほどみせつけられた私たちには、憲法や法律が、それが憲法であり、法律であるというだけで権威をもつはずはなかった。二度はだまされないというより、私たちの戦争体験が、ごく自然に私たちの目を、法の中身やその社会的基盤にむけさせたといってよいであろう。私たちが戦後ただちにとりくんだ法社会学という新しい法学のあり方は、そのようなものとして魅力があった。少なくとも私には、戒能・川島両教授のような、西ヨーロッパ的市民像をモデルにした、日本の近代化をめざす法社会学の傾向はあまり魅力がなかった。法社会学は日本の政治そのものに根をおろした、もっともっと泥くさいものでなければならなかった。私のこんな気持が、私を、批判者として「法社会学論争」に参加させることになるのは、朝鮮戦争の前後である。

昭和二八年ごろに、法の解釈について鋭い問題提起をした来栖教授は、憲法第九条のあまりにも恣意的な解釈にふれて、そのような気持になったのだといわれる。来栖教授の提起した問題ではじまる「法の解釈論争」で、私の心をもっとも強くとらえたのは、解釈者の責任の問題を正面からとりあげている点である。法の解釈が法の科学的認識とは異なる実践的・意欲的作用であるということだけなら、戦前の法学界ですでにいわれていたことである。法の解釈は十人十色で、そこに解釈者の価値判断が働いているということを、もっとも理論的にのべていたのは宮沢俊義教授である。しかし、戦前には、実践的であるはずの法の解釈に、責任をとろうと主張する法律家がいなかった。宮沢教授にとって、法の解釈は、理論的にみて実践的だというだけで、自らの法の解釈が、自分自身の主体的実践なのだという問題意識はなかった。そうとでも考えなければ、法的実践に責任のともなわない理由が理解できない。戦前は、法律の制定に参加できなかった法律家がほとんどであるから、自分の意思とはなんのかかわりのない法律の解釈に、責任をもたされるはずはないと考えていたのかもしれない。

* * *

内容のない、形式だけの法律の下で、責任のない解釈を展開していた日本の法学をまなぶことからはじまり、その極限ともいえる、法のない、暴力の支配する軍隊生活を体験した私たちの世代が、戦後の法律家の中で若干特異な世代を構成し、伝統にとらわれない新しい法学のにない手になったのは自然のなりゆきであった、と私自身は考えている。宮沢教授は戦後、八月革命説という理論を提出した。それはあくまで、法の世界での革命をみとめるものであった。現行憲法を明治憲法の「改正」として、そこに法的連続性をみとめようとする占領軍・日本政府の政治的意図にたいする、それは理論上の批判になっていた。しかし、私にとっては、八月一五日は、私自身の生活をふくめて、日本の社会全体の革命のはじまりであった。

冒頭にのべたように、八月一五日が戦前の終わりではなく、戦後の始まりだと感ずるようになったのは、戦後一〇年も二〇年もたってからのことである。社会的にみると、八月革命は未遂におわった部分が少なくない。先にのべた裁判所などは、その典型的な例である。治安維持法を拡大適用した裁判官が、最高裁判所長官になるのは、戦争犯罪人が首相になる政界とあまり変わりがない。それなら、私自身の八月革命は完遂したかと聞かれれば、残念ながらあまりたしかな返答はできない。しかし、そうはいいながら、日本という国家・社会も、その中での自分自身も変わっていく。三〇年目の八月一五日をこのように書いた私が、四〇年目、五〇年目の八月一五日をどうみるか、自分のことながら興味がある。

〔はせがわ・まさやす　名古屋大学教授　憲法。一九二三年―二〇〇九年〕

三十年前の八月十五日と私

小野清一郎

いま「法学セミナー」を愛読しておられる多くの青年諸君には、「三十年前の八月十五日」といわれても、ピンと来ないかも知れないが、それは、いうまでもなく、太平洋戦争における日本の敗戦が宣言された日である。実は、「太平洋」戦争という名称は、後に与えられたもので、当時は「大東亜」戦争といわれていた。さらに世界史的にいうと、第二次世界戦争（ウォート・ウォァ・ツー）といわれる大戦争において、後進国日本が独・伊などのいわゆる枢軸国側に立ち、英・米などのいわゆる連合国側に対して勝ちみのない戦争を試み、みごとに敗戦したその記念すべき日なのである。

その日、朝から「本日は正午頃重大なニュースがあるから放送を聴くように」という前ぶれがあったと記憶する。だが、私はいつものように東大法学部研究室で研究を続けていた。といっても、ほんとに「いつものように」自宅から歩いて研究室に行ったわけではない。自宅はその年四月一三日の大空襲で全焼してしまったので、私は単身研究室に寝泊りをしていたのである。家族のうち男の一人は東大法学部に在学中いわゆる「学徒出陣」で海軍に配属し、海防艦に乗っていたが、アメリカの潜水艇に撃沈され、負傷して海軍病院に入っていた。他の一人は東大理学部を卒業して三菱石油に入社したばかりであったが、泊っていた川崎工場が集中的な爆撃を受け、やっと生命だけは助かった直後であった。他の家族は私の郷里盛岡に疎開させてあった。

ともあれ、天皇の終戦詔勅は、八月十五日正午ラジオによって放送された。あの特色のある抑揚で、重おもしく仰せられたお言葉を、私は頭を下げて謹聴した。それは確かに一つの大きな衝撃であった。敗戦そのものは、必ずしも驚きではなかった。すでに報道されている戦況によっても、敗戦となることは当時多くの人の予感していたことであったとおもう。敗戦は、すでに決定的な事実となっていたともいえる。その意味で、来るべきものが来た、という感じもないではなかった。しかし、それにしても、天皇みずから放送によってそのことを宣言されるとは、一般国民は思っていなかった。あの日の詔勅によって、幾十万、幾百万の生命が救われたのである。私はまことに感慨無量であった。私は今でも、天皇を象徴とする国民意識の統合がいかに重要な現実的意義をもっているかを確信している一人である。

＊

八月十五日に続く連合軍の占領下における政治・行政の推移と社会的・精神的状況の変化について、ここでは語らない。ただ私個人について語る。私は翌昭和二十一年九月、公職追放、同時に教職追放の身となって、二十七年の間在職した東大の教壇を退かなければならないことになった。これも、私としてはすでに予期していたことで、大した驚きではなかった。連合国総司令部ＧＨＱの指令や当時の政治情況から、私が追放のリストに挙げられていることはほぼ想像できたし、昭和二十一年の四、五月頃になると、新聞や放送も、私が公職追放の一人に予定されていることを報道していたのである。

もちろん、私を「侵略的」国家主義者と断定した公職追放の辞令には甚しく不満であった。私は未だかつて「侵略」を主張したことはない。国家主義者――ナショナリストという意味で、――ではあっても、それは日本民族の生存と文化とを強調する「文化的」国家主義である。これは、私の書いたもの、例えば『法理学と「文化」の概念』（昭和三年）などを読んでみればわかるとおもう。むしろ明治時代の「文明開化」に疑問を投じ、「富国強兵」、すなわち資本主義的帝国主義や軍国主義に反対する意図をもって書かれたものであることは、行文の上にも現われていた筈である。戦時中に書いた『日本法理の自覚的展開』（昭和十七年）にしても、戦時的環境の下で、いささかナショナリズムの行き過ぎがあったとも反省するが、基本的には、それ以前にも、また以後にも、私の思惟方針は一貫しているつもりである。

しかし、私は事前ひそかにＧＨＱの属僚に諒解を求めたり、追放委員会や文部省などに異議を申立てたりはしなかった。平然と大学を退去したのである。二十一年六月下旬であったとおもう、大学が夏休みに入る直前の刑法の講義を終えた後、私は学生諸君に向って「私が教壇からする講義は、これが最後になるとおもう。どうか自重して勉強を続けて下さい。」という意味のことばを遺して静かに教壇を下りた。まだ戦線から帰って来ない学生もあって、聴講者は戦前の半ばにも達しなかったが、一斉に拍手して私を送ってくれた。私としては、それは仏教者としての諦観によるものであった。「諦観」とは消極的なアキラメではない。積極的な「明らめ」（道元）である。

それから私一家の苦しい生活が始まった。しかし、その秋、私が何か仕事を求める前に、仕事が私を待っていてくれた。それは、いわゆる「大戦犯に対する国際軍事裁判」（「東京裁判」）に弁護人として参加することであった。清瀬一郎、宗宮信次両弁護士の切なるお勧めによって、私は弁護人の列に加わり、元海軍の被告人弁護に当ることになった。弁護団長鵜沢総明、副団長清瀬一郎の両氏とは以前からの知り合いであったので、一般弁護方針などについても相談を受けた。それにアメリカ人の弁護士たちとも親しくなり、――何かのことで言い争った記憶もあるが、――英米の法廷実務を教わることができたことは、私にとってよい勉強であった。

翌昭和二十二年、私は弁護士として登録の手続を済ませ、一般の法律事務にも従事することになった。はじめ進駐軍のプロヴォスト・コート（憲兵裁判）の事件を二、三やったが、あとは普通の刑事事件の弁護をした。私は大学卒業直後司法官試補となり、短期間ながら検事の職にあった経験もあるので、比較的容易に私の刑法学の知識を応用することができたのであった。

私は、弁護士として依頼を受けた事件については、私なりに十分の熱意をもって努力したつもりである。だが、その間にも私は学者としての仕事を継続することを忘れなかった。『本邦犯罪現象の認識』（昭和二十一年）は、東大における刑事学の講義の一部をまとめたものである。『犯罪構成要件の理論』は、私がそもそも刑法学に指を染めた当初からのテーマで、昭和三年頃から逐次発表してきたものであるが、戦後に一応完了して出版することができた（昭和二十八年）。戦後、憲法、刑事訴訟法、民法親族編・相続編などの全面改正をはじめ、法制一般の変革があり、それとともに社会情況にも大きな変化を生じた。それは特に昭和三十年代に至って大きくなる。それに応じて教科書も書き改めなければならなかった。新訂刑法講義（昭和二十三、四年）、刑事訴訟法概論（昭和二十九年）、刑法概論（昭和二十七年）、法学概論（昭和三十五年）などがそれである。この間に執筆した論文も少なくない。その一部は論文集『刑罰の本質について・その他』（昭和三十年）、『刑法と法哲学』（昭和四十六年）に収録したが、収録してないものもある。

＊　＊　＊

も早や与えられた紙数が尽きようとしているが、最後に刑法改正の事業に触れておきたい。この事業には、私は戦前においても関係したが、特に戦後昭和三十一年の秋、当時の法務大臣牧野良三氏からの要請があって、法務省特別顧問として、新たな社会情勢、精神状況の下に新たな草案作成の仕事を積極的に推進する役目を買って出ることになった。始めは弁護士の仕事と両立すると考えていたのであるが、年とともに体力の衰えも著しくなり、昭和三十八年七月法制審議会、刑事法特別部会の部会長に就任した頃から、弁護事件の依頼をことわり、部会草案の作成に専心するようになったのである。

昭和四十九年五月二九日、法制審議会が法務大臣に対する答申を決定し、その「改正刑法草案」を発表したことは、周知のところである。これに対する日弁連その他から烈しい批判のあることも知られている通りである。批判のなかには誤解や曲解もあり、全く煽情的な意図で書かれたものも見受けられる。しかし、私としては、草案は大体においてわが国現在の要求に答えるものであり、比較立法的にも今日の国際水準を上廻るものであると信じている。とはいえ、草案は畢竟(ひっきょう)草案である。今後、政府や国会がどうそれを処理するかは、私の力の及ぶところでない。学者としての反批判は、すでにしているし(「ジュリスト」五七〇、五七一号、「法律のひろば」二七巻一〇号、二八巻二号)、今後も試みるであろう。ドイツ、オーストリア、ニューヨーク州などにおいてすでに改正が行なわれた。刑法改正の「阻止」などということは、到底成功しないであろう。あれは、極端な保守主義と、極左的革新主義との習合にすぎない。いつかは健全な日本刑法改正の日が来ることを、私は信じて疑わない。

〔おの・せいいちろう　法務省特別顧問、東大名誉教授。一八九一年―一九八六年〕

敗戦を喜ぶ

横田喜三郎

八月十五日、終戦のラジオ放送を聞いたのは、軽井沢であった。そのころに、わたくしの一家は、軽井沢の別荘に疎開していた。わたくしは、東京と軽井沢の間を行ったり来たりしていたが、そのときは、ちょうど軽井沢にいた。十五日の正午に、天皇のラジオ放送があるというので、心待ちにして聞いた。いよいよ終戦と知って、ホッとした。心のうちで、「バンザイ」と叫んだ。これで、戦争の悪夢が去る。おそらく、軍部は解消し、自由な平和な日本が生まれるであろう。もし戦争に勝っていたら、軍部はますます勢力を張り、国民を軍国主義にかり立てるであろう。そうすれば、自由も平和もない。戦争に負けて、ほんとうによかった。そうおもって、「バンザイ」を叫んだのである。

終戦のことは、実をいうと、ラジオではじめて知ったのではない。数日前から、政府がポツダム宣言を受諾し、戦争を終了させようとしているといううわさがあった。二日ほど前にも、軽井沢に疎開していた松本重治君から、確かなニュースとして、そのことを聞いた。それが本当であることを念願しながら、心待ちにしていたわけである。ラジオを聞いて、現実に本当であると知り、心から喜んだ。

ふしぎな縁であるが、四年前に、開戦のラジオを聞いたのも、軽井沢であった。満州事変から支那事変へかけて、長い大規模な軍事行動が行なわれたために、物資が不足し、すでに欠乏の域に達していた。盗難がいたるところで起こった。軽井沢の別荘地帯では、秋に入ると、ほとんど人が住まないので、盗難がひんぴんと起こった。主として夜具や衣類が盗まれた。繊維品がとくに欠乏していたからである。わたくしの別荘も盗難にあった。なにが盗まれたかを調べ、警察に届けるようにと連絡があった。一二月八日、軽井沢へ出かけた。汽車を降りて、駅の前へ出たときに、ラジオが大きな声で放送していた。日本海軍が真珠湾を攻撃し、大戦果を収めたというのである。ハッとおもった。ついに来るものが来たとおもった。わたくしの心は、はなばなしいラジオ放送とは反対に、まったく暗かった。戦争には、どうしても納得がいかなかった。戦争の将来にも期待がもてなかった。敗戦は必至であるとおもった。むしろ、敗戦にならなければならないとおもった。無理な、無謀な戦争が勝利に終わるようならば、日本にとっても、世界にとっても、最大の不幸であるとおもった。日本はいよいよ軍国主義にかり立てられ、世界は侵略戦争が横行して、真の平和と自由は、とうてい望めないからである。

＊　＊　＊

満州事変から、支那事変をへて、太平洋戦争に至るまで、わたくしは、常に日本の軍事行動に反対していた。そもそもの最初の満州事変のはじまったときに、「帝国大学新聞」に、「満州事変と国際連盟」

という論説を寄稿し、日本の軍事行動が自衛行為であるという軍部の主張に対して、強い疑問を表明した。疑問というよりも、自衛とはいえないという意味が十分にあらわれていた。また、経済学部で催した満州事変講演会で、「不健全な挙国一致を排せ」という題で講演し、「たしかに自衛権を越えている」、「軍部が自衛というのは、たんなる糊塗である」と断言した。このために、軍部や右翼団体から、猛烈な非難攻撃を受け、多数の脅迫状が来た。

支那事変の前後にも、やはり、軍国主義的傾向に反対した。たとえば、軍備拡張のじゃまになるとして、一九三四年に、ワシントン海軍軍縮条約を軍部が破棄しようとしたとき、「現下の世界事情と日本の地位」という題で、ラジオ放送をした。第一世界大戦の後に、世界は平和を確保するために努力して来たが、最近にそれと反対の傾向があらわれ、戦争の不安が生じている。軍縮条約を破棄しようという動きは、その一つである。こういって、破棄に反対の放送をした。この放送は、海軍当局や右翼団体の強い反感を買った。東京の有力な新聞は、「平和論放送に非難、横田教授の講演を海軍当局重大視」という大きな見出しで、それを報道した。そのために、警察がわたくしの身辺を特別に保護したほどである。

一九三六年に、ドイツとの間に、いわゆる防共協定が結ばれたときにも、帝国大学新聞に、「日独防共協定に驚く」という論説を書いた。これはソ連を目標にした同盟に近いもので、ドイツと日本の侵略的戦争の準備にほかならない。わたくしの論説は、この協定に反対し、批判したものである。

太平洋戦争になってからも、ずっと戦争に批判的であった。ただ、すでに戦争になってしまっており、軍部の勢力はますます強くなっていたから、公に批判することはできなかった。それでも、信用のできる少数の人の集まりで、真珠湾の攻撃は国際法上で合法といえないという話をしたことがある。それがだれからかもれて、軍部や右翼団体が憤激しているという話を聞いた。ただ、私的な会合での話で、はっきりした証拠がなかったから、どうすることもできなかったようである。

こうして、満州事変から太平洋戦争まで、常に軍事行動や戦争に反対してきたから、終戦のラジオを聞いたときは、本当にうれしかった。戦争が終わっただけでなく、敗戦によって、軍部が解消し、平和な自由な日本が生まれるであろうとおもい、敗戦を祝福した。

＊　＊　＊

実際に、おもった通りになった。平和な自由な日本は、なによりも、新憲法によって生まれた。この新憲法は、そのころに想像もされなかったほどに、平和的な、自由主義的な、民主的なものであった。終戦のラジオを聞いたときに、これで平和な自由な日本が生まれるであろうとおもった予感は、十二分に的中した。

この新憲法を守り育てねばならないとおもった。そのために、わたくしとして、できるだけのことをした。まだ新憲法として成立しない前、その草案が発表されたにすぎないときから、講演で、放送で、それについて説明し、支持した。また、新聞に雑誌に、それを解説し、支持する評論を書いた。

　幸いに、このころに、わたくしは、こうした活動の機会に数多く恵まれた。わたくしの一生のうちで、戦後の数年間は、こうした方面で、もっとも活動した時期である。それというのも、満州事変のときから太平洋戦争に至るまで、常に戦争と軍国主義的傾向に反対してきたから、戦争が終わると、いままでの態度を高く評価され、新聞や雑誌への寄稿、講演や放送を依頼されることが非常に多かったのである。わたくしとしても、待望の平和、自由、民主の日本が生まれ出ようとする時代を迎えて、大いに生きがいを感じ、張り切って依頼に応じた。講演のために、文字通りに東奔西走した。評論のために、寝食を忘れて執筆した。疲れて帰って来ても、夕食がすむと、すぐペンを執った。たいてい、十一時ころまで続けた。朝も早く起きて書いた。午前三時ころに起きたこともすくなくない。そうでなくても、五時には起きた。朝食の前に、一〇枚前後の原稿を書くのがふつうであった。今からおもうと、よく体が続いたものだと驚く。

　これらの評論や講演は、かならずしも新憲法についてばかりではない。そのほかにも、いままでの戦争や軍国主義の批判、国際問題の解説、民主主義の説明に関するものもあった。しかし、はじめの二、三年は、とくに新憲法に関するものが多かった。平和のために、戦争と武力行使を放棄したこと、民主主義のために、主権在民の根本原則を定めたこと、人権の保障を画期的に厚くしたことなどに関して、書き、かつ、話したのである。

　現在では、これらのことが、ほぼ一般に定着したようにおもわれる。細かい点では、まだ不十分なところがあり、ときには行きすぎなところもあるが、大筋では、まず一般に理解され、受けいれられたといえよう。いいかえれば、平和な、自由な、民主的な日本が生まれたといえよう。終戦のラジオを聞いたときの予想は、いちおう、的中し、実現したようにおもう。

わたくし自身の立場とか学問に対して、終戦がどのような影響を与えたかについては、根本的なものはなにもなかった。もともと、世界と日本の平和を念願し、戦争に反対していたのであるから、当然なことであろう。いままでの立場を維持したばかりでなく、それをいっそう強めただけである。学問については、国際平和の確保とか、戦争の違法性とか、民主主義とかいう問題について、いっそうの希望と熱意をもち、学問的な研究を進め、かなりの数の論文や著書を書いたくらいである。

〔よこた・きさぶろう　東大名誉教授　元最高裁判所長官。一八九六年―一九九三年〕

裁判官として

熊谷　弘

一　その頃、私は、仙台にあった宮城控訴院の判事（旧法では、任官五年で控訴院判事になれた）で、元大阪高裁長官で、現在も大阪で弁護士として大いに活躍されている荻野益三郎裁判長の陪席として、刑事の上告事件（戦時中は二審制であった）に関与していた。

仙台は七月九日夜の大空襲（Ｂ29一三四機）のため、市街は殆んど焼野原となったが、控訴院の赤煉瓦造りの建物は無事で、職員の罹災者は、私と大内彌介判事の二人だけであったのは不思議なような気もする。友人の家の二階に一時同居させていただいて、裁判所に通っていたが、雑炊腹では炎天下を歩くと目がくらみそうであった。仕事は忙しかったという記憶はないが、戦況は日増しに悪く、絶望的な空気が巷にみなぎり始めていた。

けれども、敗戦という経験を持ったことのない国民は、降伏の後に来るものについては全く予想ができないまま、何か奇蹟のようなものが起って来るかもしれないという漠然たる期待にしがみついて、辛うじて生きていたということになろうか？

八月十五日、重大発表があるから会議室に集まれという連絡を受けて、いわゆる玉音放送を聞いたのであるが、雑音のために、どうも内容はよくわからなかった。ただ終りの方の、〝万世ノ為ニ太平ヲ開カムト欲ス〟というくだりにきたとき、戦争をやめるのだということはおぼろげながらわかった。戦争をやめるのは嬉しいけれども、降伏後に来るものが全くわからないだけに、不安の念は強く、しかも戦勝という目標を失って虚脱状態にあった私には、焼け出された者と、焼けなかった者との不公平さが身にしみて痛切に感じられるのであった。

共に戦っている時こそ、連帯の意識が強く、気安く友人の家に厄介になることもできたが、敗戦となってみれば、誰しも自己の生活を守ることだけに精一杯となるのは当然であるから、焼け残った陪審宿舎に移り住むことが差し迫った必要になった。焼け残りの僅かな身の廻りの物だけを持って、陪審宿舎に移り、親子三人が原始的な生活を始めた時、読み物が全くないので、第一次世界大戦後のドイツの状態でも調べてみようと、図書室を探して二、三の書物を見付け、暗い電燈の下で（それでも燈火管制用の暗幕が必要なくなったことが嬉しかった）読みふけったことを思い出す。

すぐ裏の、多聞通りや、東一番丁には闇市が出来て、おでん屋の屋台などが並んだが、そこで、いかと人参を食べた四歳の倅が「おいしいね」と感嘆したことは、今でも語り草となっている。よほど空腹であったのだろう。

二　私は、東大で兼子〔一〕先生の民訴の講義を聴いたのであるが、その講義案の中に、注のような形で出てきた、三人のドイツ民訴学者、ローゼンベルク、マイヤー、ニッキッシュの学説に特別の興味を持った。その学説は、新訴訟物理論の萌芽期の荒削りなものであったけれども、私が当時素朴に理想と考えていた民事裁判のやり方に合致するように思われたからである。（私が民事裁判に関心を持ったのは、子供の頃、父が山林の境界訴訟の件で、名古屋の弁護士事務所に行く旅行のお伴をして、はじめて汽車を見たことからであった。）

裁判官としての出発は、民事が主であったため、民事裁判の基本構造としての弁論主義を根本的に調べてみたいと思い、司法研究を行なって、報告書を書いたことがあったので、その頃の私を知っている人からは、君は民事裁判官ではなかったのかと言われたりする。

しかし、戦時中は、民事の訴訟は少なかったし、紛争はなるべく調停でという傾向から、私は刑事事件を担当するようになったことは、冒頭に書いたとおりである。

三　八月十五日を契機として、国家総動員法に基づく統制法令は次第に廃止せられていったため、仕事の方は暇になり、インフレーションと、闇市の繁盛だけが印象に残っている。

読み物が少ないために、活字飢餓に陥ち入っていた私は、図書室を探して、英米の裁判制度についての書物を、片端から読み始めた。

今までドイツの書物だけに親しんでいたのに、この態度の豹変はいささか不自然であるが、ドイツが敗れ、日本も敗れたという現実のショックが、ドイツ的なものに対する不信感を煽（あお）ったとでも解するほかはないようである。もちろん、まだその段階では、英米の民主主義に対する信頼の念というようなものはなかったと思う。しかし、読んでゆくうちに、英米の裁判制度が、大陸法系の諸国とは全く異なった原理の上に組み立てられていることがわかってきて、急に森の中から展望のよくきく場所に辿りついたような感じがしてきた。

憲法改正の論議が東京では喧しく、刑事訴訟法の改正も問題になっていたが、仙台では、相変らずの物資欠乏の冬をなんとか切り抜けようと努力の日が続いたのである。そして、そろそろ、待ち遠しかった春が近づいて来た昭和二十一年の三月、東京区裁判所兼東京民事、刑事地方裁判所への転勤の辞令を受け取った。

産褥熱で一度は死んだと思った妻が、丸二年の闘病の結果やっと助かって、子供と一緒に上京できたことは幸いであったが、戦災で家財道具一切を失って、林檎箱二、三個の引越荷物という身軽さはいささかうら淋しいものであった。

四　東京では、刑事地方裁判所の陪席であったが、闇を拒否して餓死した山口良忠判事と一緒に、すいとんを食べながら宿直をした記憶があるほか、事件のことはあまりおぼえていない。

憲法の改正がおこなわれて、天皇が象徴の地位に退かれた時、「天皇の名において」裁判を行なってきた裁判官の間に、このまま裁判官としての地位にとどまってよいか、それとも辞任すべきかという深刻な問題が生じたことがあった。一部には、後者の立場を主張した者もあったが、実際には、そういう主張を貫いて辞任した人は極めて少なかったように思う。

その問題については、私はこう考えた。確かに、天皇は、統治権の総攬者としての地位を去って、象徴としての地位につかれ、実際の政治的活動からは離れたのであり、その意味では革命的な変化があった。新しい憲法の下では、主権は日本国民にあることになったから、司法権も「国民の名において」行なわれることになるが、新法が違憲立法審査権を裁判所に与えたことは別として、裁判官の行なう仕事が、事実の認定を行ない、これに法令を適用して、社会正義を実現することであるのは「天皇の名において」行なわれた時と「国民の名において」行なわれる時とで異なるわけではない。しかも、元来、司法権は独立していることは、憲法改正の前後を通じて全く同じであり、裁判官は、その時々の政治権力者の指示に従って裁判をするのではなくて、国会の議決を経たことに依って、国民の総意を反映している法律に従って裁判をするわけであるから、違憲立法審査権の行使について注意すれば、主権者が変わったからとて辞任をする必要性は全くないということであった。

現在でも、その点については、同じ考えを持っている。

五　裁判所法の施行により、判事は十年以上一定のキャリヤーを必要とすることになったが、私達の期は丁度十年に達したので判事補の経歴なくして判事に任命され、応急措置法時代の裁判事務に携わることになった。

私は、それを機に、八王子支部勤務を命ぜられ、東京から殺人的な混雑を示す汽車で通勤し始めたが、事件は多く、過労と栄養不足から結核を発病してしまい、苦しい闘病生活が続くことになる。

六　ストマイと手術のお蔭で、やっと再起して、法律の勉強が出来るようになった時、かつて興味を持ったが、その頃は殆んど異端の説として、あまり見向きもされなかった新訴訟物理論が、三ケ月章教授や小山昇教授によって民訴法学界で有力な学説になっていることを知り、一時民事裁判官に転向しようかと考えた。しかし他面刑事訴訟法が改正されて、新しい刑事裁判が始まっていたので、ここで民事裁判官に転向してしまうと、新刑事訴訟法を勉強する機会を失うおそれがあると考えて、当分刑事裁判をやろうと思いかえした。そして、新しい刑事裁判の精神を十分理解するのには、英米の裁判のやり方を知る必要があるし、そのためには、陪審裁判の研究が必要欠くべからざるものと考えて、二回にわたり司法研究の報告書をまとめる機会を持った。

七　あと二年余で定年がくるが、結局四十年の大半を刑事裁判官として過すことになり、当初興味を持った民事裁判については、実務の上ではあまり勉強する機会がなかった。その点で、若干の心残りがないわけではないが、理論的な問題についても研究をしながら、子供の頃からあこがれた裁判官として、精一杯働くことが出来たことに感謝しなければならない。蒼茫三十年、今は「私の八月十五日」も霞んでしまった。

〔くまがや・ひろむ　静岡家庭裁判所長。一九一三年―一九八二年〕

一弁護士が遭遇した民族の大時刻

小林俊三

その日の午前一〇時半頃、私は小石川区（今の文京区）大塚の小学校に仮移転していた東京地裁に着いた。五月二五日の大空襲で麻布の住宅を焼出された私一家は、親戚の二軒ばかりを廻って、八月はじめ府下調布（現在市）の友人の納屋のような所にやっと落ち着いていた。どういう方法で大塚に行ったかよく覚えていない。受任の民事事件の法廷を二時過ぎに終わった私は直ぐ所長室へ行った。それは弁護士控室に居る時、同僚の諸君から今日正午に重大放送があるそうだが、所長室でラジオを聴けるように頼んでくれといわれていたからだ。旧知の岩松三郎所長（元最高裁判事、弁護士、現法務省特別顧問）は快く承諾してくれた。控室へ戻ってこの旨同僚諸君に伝え時刻の来るのを待っていると、事務官がやって来て、所長からこの室にラジオを一台据えつけるようにと指図がありましたから、直ぐその設備をいたしますと伝えた。やがて高いテーブルとラジオが持ちこまれ、性能を検した後、事務官たちは戻って行った。控室の弁護士は時間が近づいたのでラジオを附け放しにして待っていた。じつは当日午前七時過ぎの放送から今日正午に重大放送があると何度も告知されていた。また私自身からいうと、調布へ脱出する前に身を寄せていた世田谷区真中の貴族院議員井上匡四郎氏（当時子爵）邸に、いく度か調布から訪問して終戦必至の情報を聴きに行ったので、八月一三日、一四日にかけてポツダム宣言を受諾することに御前会議で決定したということを聞知していた。

やがて正午が近づいて来たのでわれわれはラジオを据えたテーブルに向かって並列した。その時でも私が年長であったと見え、私が一番右、私の左となりが木下郁弁護士であった。その他の諸氏は失礼ながら忘れてしまった。正午の時報が鳴り、放送開始の告知とともにアナウンサーがこちこちの口調で、「これから天皇陛下おん親から重大放送をなされます」という意味のことを告知した。これから巷間でいわれる「玉音放送」がはじまったのだ。この放送は、その場所や機械の性能の関係でずい分聴き取りにくいところがあったそうだが、われわれの聴いたかぎりでは、戦争を終結し降服のやむなきに至った切々たる玉音を十分に了解した。この最中である。となりにいた六尺豊かな偉丈夫である木下郁氏がすすり泣きをはじめた。そして堪えに堪えていた涙がほとばしり出るのをどうしようもなく、終に肩を震わせて感情の赴くままに委せてしまった。唐人が「涙滂沱（ぼうだ）」といったのはこのことだろう。男は人前で泣くものでないと幼時からおふくろに叩きこまれていた私も、この木下氏の男の涙には堪えきれず、終に涙が自然に頬に伝わって流れるのに委せた。この直後の私の頭にひらめいたのは、国民をここまで引きずって来た暴走軍部に対する痛憤よりも、いわゆる「学徒出陣」により学業半ばにして出征した諸君の運命、また異域に屍を曝した一五〇万余の同胞もさることながら、なお中国から東南アジアに残る三五〇万を越える軍人軍属の運命について、悲痛やる方のない感情が湧き出で、自からどうしようもなくただ暗然とした。この後私は調布の茅屋に辿り着いた記憶しか残っていない。

この時一所であった木下郁氏は大分県から立候補して衆議院議員に当選した議員であったが、この時を限り相別れて互に消息を絶っていた。その後私は終戦後昭和二二年末東京高裁長官、さらに最高裁判事となり、その間に木下郁氏は大分県知事に当選し就任したことは新聞紙により知った。多分私の在官中であったろうと思うが、出張の途次大分市に寄ったとき県庁に木下知事を訪問した記憶がある。爾来年賀状ぐらいの往復はあったが相見ざること二〇年を越えていたろう。それがあることから最近木下郁氏が八月十五日私と別れた以後の行動や感慨が、同氏の書簡により明らかとなった。右にいうあることというのは、私が本年五月昭和三二年以来一八年間に詠んだ短歌を集めて上梓したことである。その一本を県知事四期一六年を勤めてふたたび弁護士に戻った木下郁氏に贈った。同氏が今住んで居られる別府市荘園町のご自宅に宛てである。その時はご不沙汰を謝する意味で送ったにすぎなかった。しかしその歌集の中に二〇年余を経て八月十五日大塚の東京地裁で玉音放送を聴いた想い出の短歌が三首載せてあった。その拙歌を敢てここに引用するのをお許し願いたい。「その日われ文京区なる仮地裁に終戦の放送を直立して聞きぬ」、「わがとなりに立ちし偉丈夫の同僚がやにわに号泣をはじめし思い出」、「われ男の子涙は決して現わさずと誓いしことも守られざりき」の三首である。ところがしばらくして木下氏は拙歌集を精読して下すったと見え、長い委しい感想を記した書面を送り来した上、私にご令姉の歌集「みをつくし」、著書「雑筆集」(これは著者の経験から出た貴重な短文集である)、および「知事十六年」を贈られた。この方は別として同氏の書面により、同氏が私と別れてからの行動が重要な示唆を含んでいるので、ここにその重点を引用させていただく。「あれから私は山の手線に出て明治神宮に詣り男より多数の女学生が泣いて伏せていたことや、それから議会に行ったら幹部の老人は殆んど見えず、松村幹事長と清瀬一郎さんの顔だけで、外は一年生仲間の元気の良い連中だけだったことなど想い出して感激一入(ひとしお)でした」（句読筆者）。

終戦の詔勅を聞き終った私は、結局来るべきものが来たという現実感と、有史以来はじめての敗戦という屈辱感とが徐々に混同して湧き上って来た。かかる運命に進む軌道は、私のようにそれまで純粋の弁護士として民間から官権を眺めて来た者には、必然ともいえる結論であった。一つは明治憲法の体質の進路であり、他は第一次大戦においてアメリカの戦力が短期間に爆発的に増大するおそるべき力を知ったということである。明治憲法の体質は、薩長が天皇を背景として永久政権を画したとしか思えないものである。すべて大権、統帥権に帰一する機構は、明治天皇のような英邁な君主がいてはじめて妥当するのであって、そうでないと天皇の名において関係臣下の恣(わがまま)な行動に進むのは当然であった。そして薩長といえども人材に限りがあるから、それは味方する官僚閥に傾いて行くのを免れない。さらに官僚閥はいかに権力の上に動いても、直接武力を持っている軍部軍閥に実力の移るのは見易い理である。したがって昭和初頭以来軍部暴走にまで発展したのは、当然の進路だったのである。前記のアメリカ戦力と第一次大戦との関係は、私は中学の上級生として具さに瞠目して見ていた。このことをわが政治や軍部の上層者が知らなかったなどとはいいたくない。少なくも甘く見ていたという愚かさはどうしようもあるまい。

進駐軍の管理下に入ったわが国は、法曹全般にとって一大変革が来るであろうことは、予期されたことであった。特に憲法の変革が必至であることは予想されたことであって、わが国朝野の間に、公私の分ちなく混乱のままその草案を議しつつあった。この大問題とは別に、実務法曹たる私にとって、わが国の訴訟手続が根本的に変らなければ、訴訟の真実は発揮できまいと考えさせられたのは東京裁判（極東国際軍事裁判所法廷）における体験であった。昭和二一年一月戦犯に指定された松岡洋右氏は巣鴨拘置所に収容されていた。昭和二一年三月頃同氏の援護団体の代表から右松岡氏の弁護人たることを要請され、私はこれを受諾した。それから清瀬一郎氏宅における研究会に出席したり、松岡氏を巣鴨に何度か訪問し、起訴状に対する反駁意見を委しく聴取した。これらの内容は省略するが、東京裁判は昭和二一年五月三日を第一回として、原則として週三回開廷された。ところが松岡氏は宿痾の肺患が重くなり、結局弁護人（この時までに米側弁護人としてウォレン氏が就任した）両名の申請により、松岡氏を病院に移すことの許可を得た。しかし結局松岡氏は二度目に移った東大病院で六月二七日静かに世を去った。この間両弁護人は被告人を代表し各公判に全部出席した。ここで私の得た強い印象は次の諸点である。㈠米側弁護人は戦犯被告に対する弁護の使命感に徹し真剣であったこと。㈡証拠調特に証人尋問等は執拗と思われるほど熱心活潑であったこと。㈢口頭弁論主義に徹底し書面の提出だけでは採用されなかったこと、などである。

前記㈠㈡は米側弁護人が曾（かつ）ての敵国戦犯のため本当の味方となり、容赦なき攻撃防禦を敢てし、法の支配の深さをひしひしと感じたことである。しかし私の特に強調したいのは㈢の問題である。今やわが国の口頭弁論主義は、単なる教科書上の空論に陥ってしまった。大審院時代から書面だけに依存する慣習は、期日の徒(いたず)らな遷延を来した。

これらの関係は、新憲法とともに改まる裁判所法により、訴訟手続に画期的活性を生ずることを期待した。しかし現在また「書面のとおり」という妥協的風習に陥り、徒らに書面の多量を競う傾向に戻ってしまった。(了)

〔こばやし・しゅんぞう　弁護士　元最高裁判所判事。一八八八年―一九八二年〕

下呂の陸軍病院にて

沼田稲次郎

昭和二十年に入った頃には、果てしもない虚無感にとらわれていた。私は北支戦線で五年目を迎えていた。独立混成第一旅団＝島兵団の司令部は趙の古都邯鄲に置かれており、私は参謀部の古参将校の一人になっていた。その頃のある寒い晩だったが、兵団長の室で相対していたとき――何か悪い情報をもっていったときだったと思う――、小松崎将軍はぽつりと私に問いかけた。「戦争はどうなると思うか」と。小松崎兵団長は温厚で謙虚な武士であり、とかく居丈高(いたけだか)になりやすい職業軍人には珍しく「人物」であった。理性的で、自己顕示欲のない人柄を私は立派だと思い、好きでもあった。「負ける」という言葉がタブーであった軍隊なので、私は「日本は勝たないと思います」と答えた。兵団長はしばらくしてから、自分に言いきかせるかのように「神勅を疑うものだね」とだけ言われた。いやその言葉だけが私の記憶に鮮明にのこっていると言った方がいいのかもしれない。歴史に見捨てられた感じを、当時初老の兵団長も胸底に抱いていられたにちがいない。七、八年前に祖師ヶ谷大蔵のお宅で亡くなられたが、お棺をお送りしているとき、この寒夜の兵団長室の一場面が眼底に浮んだ。

＊

本土決戦要員というわけで、北支戦線から一団の将兵がひきあげられたとき、私も帰ることになり、朝鮮海峡を越えているとき下関爆撃の情報があって、山陰の小串湾に逃げこんだ。小串の民家に一週間あまり宿営したあと、将兵を名古屋の師団にわたした。七月七日の真昼、焼け野ケ原に立つ白鷺城を仰いで姫路を通り、駅で水筒に水をつめたのを思い出す。そのとき一緒に水をのんだ人々はいまどこにいるものやら、臨時混成の集団だったから、お互に顔も思い出せない。邂逅も別離も情感を伴わず、ただ虚無の空洞のなかに疲れきっていたのだった。

名古屋で将兵を渡したその直後から悪寒がして、高熱となった。下呂の陸軍病院——湯島館が病院になっていた——で皮下蜂窩織炎の手術をうけ、多量の血膿が出るまで熱が下らなかった。手術後は、一室に五、六人の患者とねて、毎日温泉につかったり、河畔で流れに見入ったり、ヤミの銀飯とかしわのスキヤキ鍋をつつきに街へ下りたりして暮した。広島にいた兄からの手紙によると、近く嫂が私を見舞いに来てくれそうであった。治癒すればまたどこかの部隊にやられて、九十九里浜あたりで「蛸壺堀り」をやらねばならないだろうから——そうなればいつ逢えるともわからないし、そのままアメリカ戦車の下敷きになるかもしれないので——、嫂に逢い、故郷で海岸に疎開しているらしい老父の消息などもききたいと思っていた。だが、それも空しくなった。原爆で広島とは通信が切れた。あとで、嫂が爆心地附近に勤労動員されていて行方も知れず亡くなったことを知ることになるが、下呂では、何か大変なことがあったらしいという程度のことが流れていた。なるようにしかならない、どうなってもいいや、死生一如だ、風吹くままだ、といった感じだった。

＊

八月十五日朝、重傷者以外は服装をととのえて廊下に集合させられた。重大放送が行なわれるということであった。「いよいよ負けたな」と思って聴くと、果たしてそうだった。その場では何の感懐も起こってこなかった。戦争を運命とうけとり、主体的意欲の全くなかった私には、悲愴感も挫折感も起らなかった。将校病棟であり、私の室には佐官と尉官とがいたが、一人の大佐に、「いよいよ負けましたね」と言ったら、「陛下はしっかりやれとおおせられたじゃないか」といきまいた。彼は玉音放送――たしかに不明瞭だったが――をきいていて反対にうけとっていたらしかった。やがて、敗戦のニュースが確かめられると、この大佐殿は急に今後の生活のことで不安を感じはじめたらしかった。そういう不安には何か異和感を抱かせられたものだが、考えてみれば、虚無感のなかに解放感と疲労感との混在した心境にあった私などよりは、この職業軍人の方がはるかに現実的で逞しかったのだとも思う。私には生活という観念が浮んでこなかった。三十一歳にもなっていたのに。死生という瞬間的で絶対的な問題は哲学的にあるいは情緒的にいつも念頭にあったが、生活という持続的で相対的な問題は当時の私には遠いところにあった。もっとも、故郷の家が強制疎開で壊され、農地はとりあげられ、経済的基盤が一挙に喪失してゆく「戦後」の過程にまきこまれ、目あてもない浮浪生活をおくっている間も、いやその後の月日を通じても、私は「生活」といった定着感をあまり感じてきたわけではないが。東京に四半世紀余り住み、都立大学に二十三年もお世話になり、孫が二人もいる今日でも、老妻と「老後」の話しをしながらも、いまもってわが生涯のイメージは、運命のままに流される萍藻のような、漂泊の旅にも似たものなのである。三十年前の八月十五日、どうやら生きのびたらしいが、どのように生活を築くかといった問いも意欲も生れるはずもなかった。その日も川原に出て茫乎として流れをみていたと思う。

たしかに私は戦前、京大大学院にいて労働法学をいくらかやっていたし、富山の第三十五連隊に入営する前日までドイツの労働協約法理について P. Lotmar や W. Kaskel, H. Sinzheimer の書物を手がかりに論文を書き、入営の朝に石田文次郎博士のところへ送ってもらって、学問の社会に訣別したのであった。だが、七年にわたる戎衣の春秋の間、労働法はもとより、法律の書物とは——原書で持参した Jhering の Kampft ums Recht 以外は——およそ無縁でくらした。哲学や文学の本はかなり読んでいたが、碁を打つと同じように没目的的に、いうなれば知的快楽のために、読んでいただけだ。だから、敗戦の放送をきいたときに、私が労働法学者になろうなどとは夢々考えてもいなかった。故郷の家が強制疎開されているとは知らなかった——これは数日後退院して金沢の東部四十八部隊に赴任する途中、家に立ちよって破壊されているのをみてはじめて知った——のだから、ともかくもしばらくは離れ座敷にでもひっこんて大の字にねて物を考えてみたいと思っていたのだろう。

＊

私が、法律書や横文字に急速に還帰する気になったのは、金沢の部隊に着き、中隊長室におさまってからである。将校宿舎は今の金沢大学の鴻志寮であった。敗戦後の兵営内は乱れに乱れていた。連隊長ははじめは卯辰山に立てこもって鬼畜米英と一戦交えるなどと力みかえって、銃剣術などをしきりにやらせていたが、北陸にも占領軍がやってきて、連隊長も「ラッキー・ストライク」か何かもらってからは、猫の如くになり、今度は軍隊の物品をもち出すことに関心をもちはじめた。週番司令のときに衛兵所で将校の持ち出しを抑えてみたり、将校集会のときに、「国民の血税を私物化すと、あとが恐いぞ」とおどしてみたり、法律家の正義を時々示したが、私もどうやら法律畑にかえる途を歩んでいたようだ。労働法学者の仲間に入ったらしいのは――二十年の師走に下鴨神社で結婚し、二十一年上洛――どう間ちがってか「生産管理論」を書くことになり、ひきつづいて「日本労働法論」を執筆し、二十三年春に「上巻」が出て、二、三の先輩の書評などを賜った頃からだろう。その頃は「夕刊京都」新聞社の労働組合長をやっており、記者としても組合長としても、動乱の社会の渦中にあった。原爆で家がつぶれたが、どうやら匍い出て生きのびた兄が、白血病――今からみれば原爆病だが――で京都府立病院に在り、二十一年七月に死亡し、老父が腎臓病で死線をさまよう――二十三年五月死――といった状況が身辺をとりまいていた。悉く、二十年八月十五日には予想もしない事情であった。何か書きまくってみたい心境になっていたのと、スタミナが――売り食い生活のなかにも――どうやら存続していたことが、私を労働法学へ引っぱりこんだのだろう。だが、この運命は「私の八月十五日」には見透すべくも、意欲すべくもないものであった。

「私の八月十五日」は多くの庶民が感じたと同じように平凡である。だが、もう一度、下呂温泉の湯島館に出かけてみたいと思う。戦後三十年、各地を旅行する機会があったが、奇妙に下呂には行かなかった。いま一度、飛騨川の磧礫に立って茫乎として清流をみつめてみたい。「抽刀断水水更流、擧杯消愁愁更愁」(李白)よく口づさんだこの詩を――久しく吟じなかったが――思い出すであろう。ヤミの銀飯とかしわ鍋をくわせてくれた石屋の奥の間はいまはもうあるまい。

〔ぬまた・いねじろう　東京都立大学総長。一九一四年―一九九七年〕

ウェーバーとの出会い

世良晃志郎

昭和二十年八月十五日には、私は海軍主計少佐として、尾道の日立造船向島造船所の会計監理官をやっていた。十五年に大学を出てすぐに助手になったが、早くも五月には主計中尉として海軍に入ったわけであるから、海軍生活はすでに五年を超えていた。八月十五日のいわゆる玉音放送は、あいにくラジオの雑音がひどくて、片言隻句がききとれるだけであり、肝心の内容が全く分からない。おそらく降伏または終戦の決定の放送であろうと予想はしていたものの、当時の状況からみて、天皇が一億総決起を呼びかけられるという可能性も、これを完全に否定してしまう自信はなかった。やむをえず、最先任の技術科士官が音頭をとって、万歳を三唱して散会するという誠に滑稽なことになってしまった。しかしともかく、放送内容は間もなく確かめられた。その夜、尾道の町には、あかあかと灯火が一面に輝いた。これは、戦争が終り、闇が光に転じたことを象徴するものとして、私の印象に強烈に刻み込まれた。

正直にいって、私自身としては敗戦のショックはほとんどなかった。軍事的にも経済的にも、日本はこれ以上戦争を継続する能力はもっていないと思っていたからである。昭和十九年の東条内閣の退陣、小磯新内閣への米内光政氏の副首相格での参加は、戦争終結の兆しを示したものとして、私たちの胸を期待にふくらませたものである。それから一年、広島・長崎への原爆投下、ソ連参戦という大きな犠牲を払って、やっと八月十五日が来たのである。敗戦をよろこんだといえばやや嘘になるかもしれないが、ほっとしたことは事実である。早期終戦の努力をした多くの人があることは知っているが、政治というものが一つの軌道を走り始めると、この軌道の修正はいつの場合でもきわめてむずかしいものである。

終戦処理事務があったので、私が海軍を除隊になったのは十月末であった。除隊と同時に東大助手に復職したが、研究活動の再開ということと並んで、当時の私には、これから一体どうして生活を立ててゆくかという深刻な問題があった。東京の家は、戦災で、しかも最悪の条件下で焼かれたために、僅かばかりの持物も完全に焼失した。助手に復職すれば、家族は尾道に残して、さしあたり私が単身で上京せざるをえない。助手の安月給で東京と尾道の二重生活を支えるわけであるから、やや大げさな言い方になるが、餓死寸前の最低生活を続けざるをえなかった。駅や研究室で階段を上るということが、本当に辛く感ぜられたわけであるから、栄養状態は最悪に近かった。二、三俵の米があれば夢のように幸福だろうと、実感をこめて空想したこともある。それでもどうやら生き続けられたのは、海軍時代に尾道で一緒に働いていた人たちの好意と援助とがあればこそであった。

さて、研究室に帰ってはきたが、最初はいくら努力をして書物を読んでも、まるで右の耳から入ったものが左の耳から抜けてゆくように、ちっとも頭に残らない。努力がすべて空回りになるのである。まる五年半の間、研究生活とは全くちがった生活を送ってきたのであるから、考えてみると、これも無理もないことだったのかも分からない。長期の軍隊生活を送った友人の中には、同じような悩みを語っていた人も少なくなかった。この泥沼から抜け出る機縁を与えて下さったのは、すでに亡くなられた国法学の刑部荘先生であった。先生は、「思い悩まず、賭けるつもりで我武者羅（がむしゃら）に読め」といういささか乱暴な忠告をして下さったのである。私としても、ほかにどうしようもなく、この忠告に従った。そうしているうちに、新しい環境にも慣れてきたのであろうか、読書がだんだん身についてくるようになり、戦後の研究生活の第一の危機をともかく克服することに成功したのである。

　調子がついてきたので、私はひそかに、外国語の文献を一日に少なくとも一〇〇頁は読むという誓いを立てた。私の専門が西洋法制史なので、外国文献が決定的に重要なのである。そして、この誓いを一年近く、しかもかなり丹念なノートをとりながら実行した。このいささか強引な読書計画を立てたのは、軍務によって生じた五年半という研究上の空白を、何とかして少しでもとり返したいという気持からであった。曲りなりにもこの計画を実現することができたのは、二十一年の春頃から約一年間、大学の承認を得て研究室に泊まり込み、時間をフルに利用することができたからである。

　さて、私は、ドイツの歴史法学派の流れをくむ従来の西洋法制史の研究方法には、以前からかなり強い疑問を感じていた。この方法では歴史を利用しての「法律学」はできても、法の「歴史学」はやれないのではないかということと、この学派の民族主義的な法律観がナチスを連想させること、この二点が私の主な疑問点であったように思う。この「方法」の問題についてごく自然に手がかりを与えてくれたのは、まずもってマルクシズムの考え方であった。一つには、戦後の思想界・学界においてマルクシズムが大きくクローズ・アップされてきていたし、一つには、私自身も高等学校時代以来マルクシズムにかなり親しんできており、法制史は「歴史学」でなければならないという発想も、多分にマルクシズムと関連しているものだったからである。ところが、やや立ち入って法制史の研究をやり始めてみると、法制の発展を経済的下部構造の動きだけによって説明するという仕方では、到底満足な法制史の把握はできそうもないということに気づいてきた。他方で、当時のマルクシストの中にはかなり強引な発言をする人がいることも、だんだん気になり始めてきた。例えば、「自由」とはある体制「からの自由」ではなくて、体制参加「への自由」であるというような言い方によって、ブルジョア的自由ではなくて、ソ連的自由こそ「真の自由」であると説くごときである。とすると、ナチスの自由とどうちがうのだろうか。また、この当時には、マルクスの発言とちがうということを理由として、ある理論の真理性を否定するというようなやり方も、ごく一般的におこなわれていた。一体マルクスは「聖典」なのであろうか。

このような疑問から、しだいにウェーバーへの接近が始まってきた。誰かにとくにウェーバーを推薦してもらったという記憶はないから、当時すでに一部の人たちの間で高く評価されつつあったウェーバーを、自分なりに何とか探りあてたのだと思う。かくして、二十一年の年末ごろからだったと思うが、研究室の一階の用務員室で、平野秩夫、矢崎光圀氏とともに（他の参加者があったかどうかは記憶が正確でない）、夕方から夜にかけて、ウェーバーの『経済と社会』を読み始めた。これが、私とウェーバーとの出会いである。用務員室を使ったのは、それが研究室で暖房のある唯一の部屋だったからである。

この頃の私の研究テーマの一つは、レーエン法の研究であった。そして、このテーマと関連して、H・ミッタイスの著書に親んだ。彼の学問は、歴史法学派の方法をはっきり克服しようとしており、「歴史学」としてもすばらしいものだと思われたからである。また、彼はたえずドイツ、フランス、イギリスその他の諸国の比較史的な考察をやっており、この点も大きな魅力であった。当時の私は、これらの三国の現行法制の性格の相違を、法制史という視角から究明してみたいという大それた野心をもっていたからである。

もう一つのテーマは、「バイエルン部族法典」の研究と翻訳であった。このテーマと関連して、一橋大学の文献を利用させてもらうために、久保正幡先生の紹介状をもらって、上原専禄先生をお訪ねしたことがある。誠にうかつで、私は上原先生が一橋の学長であるということを全く知らず、学長室に案内されて少なからず驚いた。先生は、この法典の研究についてのアドヴァイスを与えられたばかりではなく、みずから私を図書館に案内して下さったり、自分でカードを書いて書物を借り出し、私のことを図書館の人に依頼して下さった。駆出しの助手をほとんど対等の研究者として遇して下さった上原先生の態度に接して、研究者というもののあり方について深く教えられるところがあった。厳冬、一橋大の暖房のない図書館で、約一ヵ月間ふるえながらノートをとったのも、今ではいい想い出である。

当時の想い出はいろいろある。恩師原田慶吉先生が、真冬の深夜、御茶の水駅から東大に来られる途中、アメリカ兵の暴漢に襲われて頭を強打され、その後身体をこわされて、数年後に他界されたという事件もある。わが国のローマ法学にとってかけがえのない学者がこのようにして失われたということは、私にとって断腸の思いがある。
　私が助教授として東北大学に着任したのは、昭和二十三年の七月である。戦後の混乱期の二年半余の東大助手の間に、「封建制成立史序説」と「バイエルン部族法典」の原稿を完成することができたのであるから、戦後のすべり出しとしてはまずまずの成績であった。というよりも、この時期は、ある意味においては、私の一生のうちの最も充実した一駒（こま）であったのかもしれない。

〔せら・てるしろう　東北大学教授。一九一七年—一九八九年〕

敗戦の日の前後

児島武雄

昭和二十年八月、私の属する小隊は、大阪府貝塚市の東南、天台宗延暦寺派の名刹水間寺の書院とおぼしき建物に宿営し、はるか紀淡海峡を望む近くの丘陵中腹に山砲陣地を構築する任務についていた。本土決戦に備えるためであったのはいうまでもない。

八月十五日、起床時から何か常とは異なる気配はあったが、連日の猛作業で身心ともに疲労しきっていた一兵隊には、それが何であるかを察知する感性は残されていなかった。山腹に横穴を掘る作業中の確か午後二時前頃、「作業中止。直ちに下山せよ」の命を受け、急ぎ水間観音堂前に集合した私たちは、信太山(シノダ)の連隊から帰ったばかりの小隊長Y少尉から終戦を告げられたのである。「戦争は終わった。当地を撤収して速やかに連隊に復帰する」。詔勅は聞いていない。静かな、そして呆気ない終戦の知らせであった。解散した直後、すれ違ったY少尉が、日頃の謹厳に似ず、私を見てニッと口をゆがめたのが印象的であったが、それが何を意味したのか、ついに判らぬままである。

その夜、帰隊の身辺整理をすませた私は、ひとり観音堂の階段に腰をおろし、遅くまで「何か」を考えていたが、それが何であったのか、今ではもう定かに記憶していない。しかし、それが敗戦の悲憤や慷慨でなかったことは確かなようで、おそらくは、すんでよかったなあ、両親（私のただ一人の姉婿が昭和十三年に中支戦線で戦死している）もさぞ安堵しているだろう、ということであったと思われる。また、この長い戦争は何のためであったのか、われわれ兵隊は、そして日本はこれからどうなるのかということを、あれこれ思い懸念していたのも間違いないようだ。

私は、昭和二十年一月五日、大阪府泉南郡信太山の中部二十七部隊（山砲連隊）に入営した。当時、旧制姫路高校文科二年の学生（その年、戦時特例で、高校は二年制になっていた）で、前年の十二月末勤労動員先から帰宅しての入営であった。年齢の関係で「学徒出陣」は免れたものの、昭和二十年入営は必至であったため、学業なかばの入営にはさして悲壮感がなかった。いわゆる一期の検閲まで、山砲二番砲手として訓練を受けた。新兵には宿命の日々のつらさのなかでも、内務班における古兵たちの非人間的な無法無道は、いまだに忘れ難いものがある。

そんな二月なかばのある日、昼食後の小憩時に、連隊本部から「第三中隊兄島二等兵、直ちに連隊長室へ前へ」の伝令が中隊長室に来たらしい。中隊長自らあわただしく内務班に駆け込み私にこの命令を伝えたが、入営一か月余の新兵が連隊長に呼ばれるのは全くの異例というほかなく、上等兵も古兵も、そしてもとより当の私も一瞬息をのんだ。「ハッ。しかし何でありましょうか」の反問に怒るのも忘れた中隊長、まことけげんな顔をして「ワカラン。早く行け」。あとから駆けつけた気転の利く准尉も中隊長のうしろでポカンとしていた。

連隊本部まで上靴を手に走る私に、その道のりは遠かった。息をしずめ、連隊長室の前で「兒島二等兵、只今まいりました」とどなると、「ヨシ、入れ」の声。「入ります」と扉を押すと、そこには、なんと私の父が連隊長と対座していた。わが眼を疑った。そして、これは「何かあった。母が急死でも」と胸は早鐘が打った。しかし、連隊長の「先刻父君がこられ、話を聞いた。とくに面会を許すので、ここで相談せよ」の言に、さきの心配は消えたが、何ごとだろうと気にせざるをえなかった。以下は、連隊長立会いのもとでの父と私との会話の要旨である。

父、「さきごろ姫路高校から通知があった。本年三月には卒業させる。戦時特例によって、本人在営のまま大学に入学志願ができ、高校の内申により銓衡入学が許可されるとのこと。返事しなければならないが、どうするか」——まだ内地にいるにしても、生きて還れる保証のない一人息子に、生きて還った後のことを、連隊長の前で聞かねばならない父の心情は察するに余りあった。

しばし後、私、「学業なかばでこうして入営した以上、卒業も大学も今や念頭にない。突然そんなことをいわれても返答に困る」——実のところ、どうでもよかった。悲報の伝達ではなしに、父にはつらいことだろうが私には間の抜けた用件で、一か月ぶりで父と会えたことがうれしかった。父の目はいろんなことを語っていた。

両者暫時の沈黙は、連隊長の意外にやさしい介入によって中断された。いわく、「ご父君の言も、そしてお前の気持もよく判る。しかし、何とか返事せねば、ご父君も学校当局も困るだろう。とにかく、希望だけでもいっておいたらどうか」。

私、「さきに述べた気持に変わりはない。しかし、返事しなければならないのなら、家から通える京都帝大法学部にしておいてもらいたい」――これをいう私もつらかった。生きて還れる保証のないいわば地獄で、すでに諦めていた現世の切符を予約するようなものだった。かくして、およそ前例のない連隊長室での面会は、他に私語も許されぬまま、「くれぐれも身体に気をつけご奉公するように」との万感こめた父の言葉で幕となった。

三月、他の中隊は外地に出動したが、私どもの中隊は、和歌山県加太岬に近い紀伊水道を見おろす丘陵に山砲陣地を構築する任務を与えられ、山麓の村に移駐することとなった。固い山腹に発破をかけて穴を掘る工事は遅々として進まない。ふと耳にする村びとのささやきからも戦局の非が明らかなその頃、中隊が募集した戦意昂揚の標語に「すぐ来るぞ、敵は硫黄に迫ってる」が入賞したのは、皮肉なことであった。そんなある日、父の手紙で京都帝大法学部に入学許可が知らされた。こうして、私は兵隊のまま高校を卒業し、兵隊のまま大学生となったのであるが、そのことに何の感慨もなかった。今の学生諸君には、思いも及ばないことだろう。当時においても、こんな特例措置は、私と同年の者にだけ採られたものと記憶する。われながら珍しい経歴と思うのだが。(私小説めいた記述に紙幅をとるのは編集者の望むところではあるまい。しかし、めったに口にしたことのないあの頃の一こまを、戦争のことなど歴史としてしか知らないわが子にも伝えておきたい気がするし、またそれによって私は父をしのびたいのである。)

水間観音かち信太山に帰隊した私は、間もなく復員帰郷する人びとと異なり、復員業務の補助とかで臨時憲兵を命ぜられ、近くの金岡連隊に転属させられた。敗戦後とはいえ、ここではまだ軍隊秩序が維持されていたが、新兵時代の体験が身にしむ私は、短かい間ではあったが、先任上等兵として人間的な内務班を運営できたことをうれしく思っている。南海線や阪和線の駅で復員する人たちを整理する日々が続いた後、自ら復員帰郷を許されたのは確か九月十三日であった。

編集者の求めは、三十年前の八月十五日の思い出がその後の学問にどう影響したか、学問の軌跡を語れというにあるが、もとより私は、軌跡を問われるような「学者」ではない。ただ、三十年前の思い出を語る年齢に達したのかという感慨がひとしおである。内地でわずか九か月余、平凡な、そしてまじめな兵隊であった私の八月十五日の思い出は、正直なところ、さきに書いたこと位である。帰郷しての後は、生きて還れたよろこびが身にしみ、この幸せを無にしては死んだ人たちにすまないという気持が日に日に強くなって行った。それだけである。それに色付けをすれば嘘になろう。

昭和二十年十月から京都帝大に復学、いや入学することとなる。片道二時間半をこえる通学は楽ではなかったが、そんなことよりあの窮乏のさなか、黙って大学に通わせてくれた父母と姉に今更ながら頭が下がるのである。大学はまだまだ落ついた雰囲気でなかったけれど、高校時代も半分近く勤労動員に出ていた私には、はじめて勉強ができた時代であった。つまらぬ告白だが、私は小学六年の時から裁判官に憧れをもっていた。そんな私の当面の目標は、高等文官試験（今の司法試験）であった。二十一年から自炊の下宿をしてかなりきびしい日をすごし、翌二十二年の試験に合格。二十三年大学卒業と同時に司法修習生を拝命、二十五年四月裁判官となったが、この日を待ち望んでいた父が二月二十七日にこの世を去ったのは、今もって痛恨のきわみである。

敗戦時二十歳の私は、当年五十歳、そして裁判官生活二十五年になる。編集者のいう「軌跡」は、それなりに私の裁判官生活のなかにあるだろうが、それはここでいうべきことであるまい。八月十五日は概ね夏の休暇に当たり、旧盆の墓参をし、姉の家で戦没者追悼式典のテレビ中継を観るのが例年のならわしである。母も逝きて二十年、もういない。

〔こじま・たけお　大阪高等裁判所判事。一九二五年―二〇一四年〕

みどり児を抱えて

浦辺　衛

開戦の翌年である昭和一七年六月、私は京都地裁判事から大阪地裁に転任したが、自宅はそれまでと同じく京都の北白川にあり、電車で大阪に通勤した。その年の一〇月結婚し、翌々年の一九年一一月に長男が出生した。

ところが、戦争は日増しに激しさを加え、わが新婚の家庭も戦争の被害を受けることになった。昭和二〇年六月一八日の朝、妻は突然発熱し肺炎になったが、肋膜炎を併発して京大病院に入院することになった。私は生後七カ月の長男を抱えて、途方に暮れた。戦時下の京都の物資不足は特に甚だしく、乳児用粉ミルクの配給なども極めて少なかった。私は自炊しながら、長男を隣人に預け、鉄兜を背負い脚絆をつけて、大阪に通勤した。当時の私の生活は、文字どおり「妻は病床に臥し、子は飢に泣く」という状態であった。

その間敵機の空襲は日増しに苛烈を加え、三月一〇日の東京大空襲につづいて、三月末には大阪、神戸以下全国の都市が次々に空襲を受けた。そして、八月六日には広島に原爆が投下されたのである。そこで私の生活もいよいよ行き詰り、長男を郷里平戸に避難させることに決心した。

八月一一日午後郷里からやっと迎えに来てくれた次姉の助力を得て、生後八カ月の長男を抱いて、大阪発の列車に乗りこんだ。列車は、夜陰に乗じて大阪をたち、途中尼崎、福山の両市が空襲によって炎々と燃えるすぐそばを通って進み、翌一二日の未明近く広島の駅に着いた。すると、見渡す限りの焼野が原であった。

列車は西下をつづけたが、夜明けとともに敵機グラマンの空襲を受けることになった。その都度列車は停って、乗客は皆列車の下に退避するのである。しかし乳児を抱えた私は、いちいち列車の下まで行く余裕がない。客車の座席の間にかがんで長男を抱きしめ息をひそめて敵機の機銃掃射のすむのを待っているよりほか仕方がなかった。そして同日午後列車は、やっと関門トンネルに這入りこんだ。しかし、容易にそこから出ることができなかった。

翌一三日朝列車を下りて、郷里平戸島の対岸に着いたものの、平戸海峡を通る船舶を襲う敵機の攻撃はやまず、渡海船はなかなか出航できない。夕方になって渡海船に乗ろうとすると、折柄長崎から逃げてきた原爆の被害者が殺到してきた。見ると、身にぼろをまとい、黒く焼けただけた顔の人達である。やっとの思いで対岸の平戸町にたどり着いたが、私の郷村まではそこからさらに陸路で三〇キロもある。同日夕刻ようやく生家にたどり着いた。京都をたってから、まる二昼夜かかったわけである。みどり児の長男もどうやら生命をもちこたえて、祖母のふところに抱かれた。

そして翌々日八月一五日、終戦のラジオ放送を聞いたのである。その放送は雑音が多くてよく聞きとれなかったが、ただ涙がとめどもなく流れたことを覚えている。その夜、月のない郷里の海辺で、私は小学校時代の友人である浪曲師の青年と日本の将来について深更まで語り合った。

そのとき私は、漠然と第一次大戦後のドイツが歩いたような道を日本はたどるのではないかと考えていた。連合国の弾圧による敗戦国のみじめな将来を予想し、臥薪嘗胆という古い言葉の意味をかみしめていた。そして、ポツダム宣言の標榜する日本の民主化がいかなるプログラムにより、いかなるプロセスによって行なわれるものか想像がつかなかった。私は幸か不幸か、旧制五校時代に胸を患って休学し兵役免除になったため軍隊生活とは全く関係がなかったのであるが、横暴を極めた軍人による独裁政治が崩壊するであろうという点で、日本の将来に明るい希望をもったことは事実である。

さて、終戦前の私の職歴は、前述とおり京都、大阪の地裁から始まったのであるが、その両裁判所で民事刑事の陪席判事を各一年半くらいした後、大阪地裁の経済事務室勤務となった。わが国の戦時統制経済は、国家総動員法を頂点とする多数の統制法規によって実施されたのであるが、その複雑多岐にわたる統制法規の調査研究をするのが経済事務室であり、大阪地裁のそれは、全国的にも有名な存在であった。

統制経済は、その違反者に対する刑事裁判においてまず裁判所の問題になったが、次第に民事裁判の領域にも及んだ。そこで、大阪地裁の若手裁判官の集りである青々会（藤田八郎控訴院長の主宰）においては、昭和一六年以来判例研究会を開き、民事裁判に現われた統制経済法上の諸問題について研究をつづけた。その結果は、「民事裁判に現われた統制経済の研究」（大阪綜文館発行）という一冊の本にまとめられた。

その中には、「酒造組合長の実績譲渡承認と司法裁判所の管轄」という拙稿も収められている。酒造配分石数の譲渡に対する酒造組合長の承認は認可の性質を有する行政行為であるから、司法裁判所に対してその救済を求めることは許されないとする下級審判決（昭和一六年横浜地裁）に対する判例批評である。その論旨は、公法と私法の相互滲透関係を生ずる統制経済の下においては、民事事件と行政事件とを区別することは困難であるから、公法的色彩を帯びる事件であっても、私法的事件と見られるものであり、しかもそれに対する行政上の救済が与えられていない事件については、民事裁判による救済を許すべきであるというのであった。日本国憲法の施行によって、広く行政事件について司法裁判所による救済が許されることとなったことと対比して、今昔の感を禁じえない。

私は、他方京都大学の研究室にも顔を出し、宮本、佐伯両教授の主宰する刑事法研究会にも出席した。佐伯教授の指導により、「独逸戦時刑事法概観」という論説（昭和一七・一一・二五稿）を法学論叢（四八巻三号）に発表したが、これは私の貧しい処女論文である。わが国の戦時立法に大きな影響を与えたナチスドイツの戦時刑事立法のうち実体法、手続法の両面にわたり主要なものを概観し、それについて解説したものである。今それを見ると、ドイツの立法を謳歌し賞讃することなく、ナチス刑法の厳罰主義を批判し、極端な上訴制限に反対の立場をとっていることは、未熟な論文ではあるが、せめてもの慰めである。

私は終戦後も京都から大阪に通勤していたが、入院中の病妻は栄養失調のため依然恢復しなかったので、郷里に転院することになり、私は昭和二一年一一月希望して福岡地裁に転任した。

福岡地裁では、私は民事刑事の陪席判事をしたが、希望して廃止直前の予審判事の仕事も経験した。また九大の研究室に不破武夫教授と田中和夫教授を訪ねて御教示をいただいた。ある日のこと田中教授は、これからの刑事訴訟は英米流に改正されるであろうが、そうなると刑事裁判の無罪率も大幅に高くなるのではないかと言われた。それに対して、私は必ずしもそれに賛成せず、検事の起訴も慎重になるであろうし、裁判官の心証のとり方も変わるのではないかと意見を述べたことであった。その後新刑訴法の施行後無罪率は一時高くなったが、その後の無罪率は旧法時代と殆ど変わらなくなった。

私は、福岡在勤一年六カ月の後昭和二三年三月最高裁刑事局付を命ぜられて上京した。当時新憲法の施行に伴い刑事訴訟法の制定作業が進められていた。そして、GHQにおける法案討議の模様を直接傍聴することができた。この点については、「占領下における日本刑事訴訟法の改正」（拙著「刑事実務上の諸問題」所収）を書いた。この刑事訴訟法は、同年七月初め国会を通過し、同月一〇日公布された。ついで最高裁判所は、規則制定権に基づき刑事訴訟規則を制定することとなり、刑事局にその起案を命じた。岸刑事局長（現最高裁判事）のもとに、第二課がこれに当たることになった。課員は栗本課長（現名古屋高裁長官）、青柳文雄（現慶大教授）、柏木千秋（現名古屋大教授）、佐藤千速（元書記官研修所長）の各判事であり、私もその一員であった。同規則は、同年八月下旬起案を終わり、所定の手続を経て、翌二四年一月一日から刑訴法とともに施行された。以来二十数年間、私は一時司法行政事務に当たったほか、ほとんど刑事裁判の第一線の実務に携わってきた。

いま戦前戦後の刑事裁判を比較してみると、現行の刑事訴訟法には確かに勝れた点があると思う。戦前の刑事裁判についても、公判中心主義、当事者主義が言われたけれども、公判においては予審調書が大きなウェイトを占め、公判はあたかも予審調書の「閲兵式」の観があった。また、裁判長の行なう被告人尋問は糺問主義の色彩が強く、被告人は当事者と言われながら、証拠調の客体と見られる点が強かった。それに比して、現行の刑事裁判は、起訴状一本により始められ、厳格な証拠法則のもとに当事者対等の建前で進められる。特に当事者による交互尋問は、訴訟の客観的公平の見地からも、勝れた制度であると考える。われわれは、敗戦という大きな犠牲によってもたらされたこの刑事訴訟法を更によりよく運用して、所期の目的を達成しなければならない。ちなみに、命がけで郷里に避難させたみどり児は、現在外務省に勤務して、石油資源外交の末端に従事している。

〔うらべ・まもる　東京高等裁判所判事。一九一三年―一九八七年〕

見届けた悪魔の正体

正木ひろし

私が詔勅を聞いた場所は、銀座三昧堂書店の二階でした。店主、(故) 堀越震六氏は、中学時代の級友、戦時中、私が刊行していた個人雑誌『近きより』の熱心な後援者でした。空襲で拙宅が焼失したので、氏はこの二階を無料、無期限に、使わしてくれたのです。

放送の日、私が疎開先から、いつもの通り、ここに現われ、やがて店主その他の来訪者たちと聴いたのです。その直後、期せずして一同が立ち上って、バンザーイ、バンザーイと、叫んだことを記憶しています。木造建築のため、その大声が階下の店先にまで響いたとみえ、女店員が馳け上って来て「静かにして下さい、お客様が怒っています」と注意しました。

天皇のコトバは不明瞭でしたが、降伏したこと、一億玉砕を免かれたこと、世の中が変わることだけは、ハッキリしたので、一同、思わず悦んで、大音声をあげたのでしょう。当時の気持を、私は『近きより』(昭和二〇年九月号) に、左のように表現しています。

敗戦日本

日本は降伏した
神の審判は、厳そかに下ったのである
敗北して、なお生存を続けているのは
宏大無辺なる神の恩寵である
神が日本民族絶滅の一歩手前で
一度、反省の機会を与えたのである
もし、この恩寵を理解し得なかったならば
ただちに、恐るべき最終の審判！　民族絶滅へと移行するであろう
罪悪の国、日本！
遠き野蛮未開の時代は知らず
中世以後において、日本ほど、愚昧にして、かつ悪徳の国があったろうか

昭和一二年四月に創刊した『近きより』のことは、戦後に出た清沢洌氏の遺著『暗黒日記』の中で、私を、「反軍的、勇気あるデモクラット」などと称賛した部分があったためか、以来、二、三の太平洋戦史の中に、矢内原忠雄、桐生悠々氏等と並んで、戦時中の反戦思想家の列に加えられる光栄を得ました。しかし、『近きより』を、戦後まで続けた私の真意は、単なる反軍、反権力に終始したものではな

かったつもりです。

十五年間も軍民を苦しめ抜いたあげく、最後には、「敵を本土に迎え討ち、必勝の信念をもって、一億玉砕せよ」という極悪非道な命令を突きつけたまま降服したこの戦争ほど、日本国民の貧弱な素質と、文化の無力性を実証した機会はなかったろうと信じました。『近きより』は、発刊後まもなく日支事変が始まったため、期せずして戦時日本の生態を、当時の言論統制の枠の中で、屈折した修辞法を用いて表現する使命をもつことになりました。

満州事変から引き続いたこの長期戦は、終始、国民の欲望や常識と、無関係に進められ、その間、国民は、無制限に協力と服従とを強制されました。人間性は完全に剝奪されていました。しかし、国民は屠所の羊のように、おとなしくついてゆきました。私はそこに家畜化された民族の実例を発見しました。いわゆる皇室を頂く国体の精華というものでしたろう。その生態を、『近きより』から拾ってみます。

○「日本人は何故あんなに強いんだろう」といったら、「生きていても、他に面白い事がないからだろう」と答えた人があった。（昭12・9月号）

○日本人を迫害する者は、ロシア人でもなければ支那人でもない、たいてい日本人である。私は支那人より日本人の方が怖い。（昭15・11月号）

○一体、どこの国民が仮想敵なのだろう。（昭14・4月号）

当時の国家秩序と、その制度とは、天皇を神としたフィクションを基礎とするものでした。従って、国政のいたるところに無理と不自然とが発生し、国民の間に不満のあることは、支配層も知っていました。しかし明治以来、巧妙に鞭と餌とを使い家畜調教的な文教政策によって誘導して来たのです。しかし、大正七、八年ごろから、処もあろうに、天皇制高級官僚養成所であった東京帝国大学の内部から強力な民主化運動が始まりました。

旧支配層は、皇国日本に革命が近づく危険感をもったらしく、この時期を劃し、文部大臣が主となって、危険思想撲滅のため、国民精神作興とか、国体明徴とか、国を挙げての大運動を展開、同時に治安維持法を増補して、大規模なイワユル赤狩りを始めました。そのため、国民の精神生活は極度に萎縮し、人道性、社会性を失って、卑近な利害や、情欲にひたる俗物のはびこる世の中となってゆきました。

戦時戦後を通じ、日本から先見の明ある指導者や、偉大なる政治家が出現し得なかった原因の一つは、この赤狩りによって、公共心に富む進歩的人材のプールを干してしまったからだと言われています。

一方、旧支配層の方も、刑罰権の乱用によって、一般国民や兵卒を、従順な家畜人間とすることには成功しましたが、皮肉にも、軍の首脳部自身の実権は、直接に兵隊と武器とをもつ青年将校たちの手に握られていたことは、戦前史の示す通りです。そして人道の消えた時代には、すべて暴力の強い方が他を制圧するのが世のならいでしょう。

しかし、忠君愛国の権化のように見せかけていた青年将校たちが、何故に予定も成算もなかった亡国的の大戦争に、日本の運命を引きずり込んだか。これは大きな謎とみなければなりますまい。

私はたまたま北一輝氏の令弟、北玲吉氏の知遇を得ていた関係で、満州事変直後、一輝氏の周辺の青年将校や右翼浪人たちの私生活を、直接見聞する機会をもちました。それによって、この謎の一端を解く鍵を見つけた想いがしました。

戦時中、「統帥権」と称する軍事優先の絶対権は、軍部の活動に対する一切他の干渉や批判を禁圧する力をもっていました。青年将校たちは、その特権をいいことにして、莫大な機密費を自由にし、右翼の浪人たちと共に、盛んに花柳界で遊んだと聞きました。遊び気分の戦時風景でした。

軍関係者の遊蕩的生活は、内地ばかりでなく、中国大陸の占領地では、もっとひどかったことが戦後、バクロされました。私も昭和十四年に現地を視察し、その醜状に驚きました。キケン思想の撲滅運動から始まって、ズルズルとエスカレイトし、始末のつかなくなったこの大戦争は、つまるところ、天皇制首脳部の革命恐怖心という利己的・主観的な動機と、これを利用して、非常時を作り出し、国政を混乱させ、火事泥的な立身出世や利得をねらった無責任な戦争亨楽者たちの、はかない私欲の範囲を出ることがなかったもので、結局、低劣な集団の複合的な犯罪行為にほかならなかったと考えます。

日本全体が芝居のようになって来た
すべての登場人物が役者のようであり
背後の思想運動がバックのようだ
すべてが急造的・すべてが仮装的
これで国民が見物人なら面白いのだが
悲しいことに、馬の脚だ（昭和16・6月号）

このような現実を眼にしながら、一億玉砕の瀬戸際に来るまで、国民がおとなしくしていたのは、国民の大部分が、すでに家畜化されていた腑抜け現象と考えます。

私はその傾向に気付いていたので、いろんなレトリックを使って、警告し続けました。昭和一六年以降には思想詩が多く、ことに昭和一九年・八月号の「サナダムシの倫理学」は、詔勅の意味を予言した傑作と思っています。

私は戦時中、聖書の中のイエスの言葉を拾って読んでいるうちに、天皇制はそれを裏返しにした悪魔の支配であることを発見し、いつしかキリスト者になっていました。私はキリストの訓える神の正義を求めるため、外地で天皇の権力によって犬死にしつつあった若者たちの心情を、内地の同胞に訴える使命を感じて、誌上に表現していました。

ところが昭和十九年一月、内地にも同じ悪魔の権力で拷問死した礦夫が茨城県にいたことを知り、私はその死者の代理人となって、十二年間、真犯人の摘発に従事しました。「首なし事件」がそれでした。

この事件は、私を神に仕える弁護士にまで引き上げてくれました。以来三十年間、常に信仰の力によって、悪魔とたたかい、最後に同じキリスト者である鈴木忠五弁護士と共同で、昭和三十年に三島市で発生した丸正強殺事件の弁護を引きうけました。調査の結果、犯人として無期に処せられた一韓国人と一日本人とは犯人ではなく、真犯人は近親の数名であることが、科学的に証明できたので、殺人罪で告発しました。ところが悔い改めを知らない旧憲法以来の司法官僚は、不法と知りつつ、この告発を退け、逆に真犯人と結託して私と鈴木弁護人とを、名誉毀損罪で起訴し、一、二審とも有罪としました。われわれが、それを神の賜わった最高の祝福と知ることのできたのは、やはりこの戦争を神の試練として受けとめ、悪魔の正体を見届けたおかげだと感じています。

〔まさき・ひろし　弁護士。一八九六年―一九七五年〕

京城の八月十五日

鵜飼信成

その頃京城の空には毎日のように敵機が姿を見せたが、数千メートルの高空を悠々と飛んで行くだけで、爆弾を落したことは一度もなかった。しかし私の大学の防衛隊は、敵機が見えると直ぐ警戒態勢で、隊長の内藤さんの廻りに幹部が集って消火設備などを点検して待機するのが常だった。法文学部長の内藤さんは法制史の教授で、独身だったから、研究室に泊り込んで、大学の研究資料をどうやって守るかの対策に余念がなかった。隊員はみんな助手や事務職員で、いざという時には、その働きに頼る他ない。私は、ちょうど内地へ帰ったまま京城に帰任しない同僚の代わりで、二度目の副隊長勤めをしていた。

八月の十二、三日頃だったが、隣に住んでいた山成さんという鉱山会社の社長が、いよいよ降伏らしいというニュースをもって来た。十四日の晩には明日の降伏宣言をどう受けとめるかで夜を徹して隣組の会談が続いた。

十五日は朝、警報が鳴って大学へ飛んで行ったあと、お昼に家へ帰って、茶の間に二人の子供を集めて一家で放送を聞いた。十年前結婚の時以来、茶だんすの上にある松下電器のラジオが、海峡を渡って来る電波をうまくキャッチしているのに感心しているうちに、特別放送は終わって、やっぱりそうか、それでどうすればいいのだろうと思った。

隣組では朝鮮史の末松君が、奥さんの美しい和服を庭で焼いたし、研究室では、政治学史の藤本さんが、粒々辛苦の作品である独和法律政治用語辞典のカードを何千枚も火をつけて燃していた。末松君の方は多少感傷的な火で、それはそれで日本帝国の葬いの火といえないわけではない。末松君はこのあと教授会で、任那の日本府滅亡を例に引いて声涙共に下る大演説をしたから、それは歴史家的感傷でもある。しかし藤本さんのは、学問的に今でも惜しいと思わないではいられない。

私は昭和十六年の三月にアメリカ留学から帰って以来、もっぱらアメリカ法学の研究に没頭していたので、これからアメリカ法の継受はどんな形で起こり、どんな問題が起こるだろうと思った。

しかしそれより先に降伏と占領軍の管理という実際問題が待ちかまえていた。総督府も軍司令部も、どうなるのか五里霧中の状態で、大学から、祖川武夫君、山中康雄君、高橋幸八郎君、それに私など数人の若手に依嘱して、占領体制の研究に着手したが、これが全くの泥縄である上、肝心のわれわれの頼りとした第一次世界大戦後の占領方式と、第二次大戦後のそれとは、天地のへだたりがあったので、われわれのささやかな研究などは、全くの無駄骨折りに終わってしまった。

かんたんな例をあげると、第一次大戦の時は、占領下の国民は、自己の国籍と、居住地を選択する自由を与えられた。たとえば、旧ポーランド領は、連合国に占領されて後、ポーランドとして独立したが、その住民は、ポーランド国民になってそこに滞留してもよいし、ロシア人やドイツ人として、財産と住居をそれぞれの国に移してもよかった。しかしアメリカの朝鮮占領は、日本人は全部 displaced persons となり、手にもてるだけの物をもって内地へ送還されるという手厳しいものであった。

八月の二十幾日かに先遣隊が飛行機で沖縄から飛来した。それまではもっぱら偵察機が飛んで来てはビラをまいて行くだけだった。ビラには、アメリカ軍が到着するまで朝鮮人は、日本政府および軍の命令に絶対に服従すべしと書いてあった。先遣隊の乗った飛行機は、機影が見えてからもなかなか着陸しないで旋回を続けていた。ようやく着いて、参謀長らしいのがタラップを降りて来た時、出迎えの朝鮮軍参謀長が手を出して歓迎の握手をしようとしたら、その手をすっと払いのけてすさまじい見幕で、これから直ぐ会談場に行くと宣言したのは、一寸ショックだった。もっともこれは水師営の乃木とシンガポールの山下との違いかも知れなかった。ミズリー号艦上の降伏に一週間おくれて、九月八日に朝鮮総督府での降伏文書調印が行なわれた。

降伏がいつから発効するか、あるいは逆の面からいうといつから占領管理が開始したか、したがって日本政府が占領軍のために善良な管理者として事務を行なうようになったのはいつからかは、面倒な問題である。ポツダム宣言成立の時（七月二日）という説もあるが、これは一方的宣言で受諾がないから、無理だと思う。日本政府が受諾したのは八月十日であるから、この日からともいえるが、天皇が受諾を先方に通告しただけで、まだ国内の諸機関や国民にはその旨公示されていないから、それらの者が拘束されるとはいいにくい。八月十五日はその意味で法律的には日本政府が降伏をしたことになるが、まだ占領軍が現実に管理をはじめていないから、結局有効な占領の開始は、内地では九月二日、朝鮮では九月八日とみるのが、理論的にも、実際的にも正しいかもしれない。

しかしそうとすれば、有効な占領開始までは、日本政府は、公金その他公の財産を、自由に処分してよいことになる。実際にどの程度まで財産が処分されたかは不明であるが、飛行機や船を使ってかなりの現金や動産が内地に輸送されたことは想像できる。しかしそれができたのは、政府やそれに便乗できた人たちだけで、大部分の一般国民は、占領開始後に、引揚列車を指定され、両手に持てるだけの日用品をかかえて、ようやく帰還した。金銀宝石の類は携行禁止であったから、釜山では厳重な身体検査まであり、婦女子はつらい思いをした。

しかし北鮮以北の引揚者に比べれば、私たちはまだよかった。八月十五日の晩には、それでも若干の暴行掠奪があったが、ソ連軍入城を歓迎するため京城駅頭に集った何万かの群集が、ソ連軍は京城の北方で行進を停止したという報せで、自然に解散してしまった。

政治態勢の変化がどんな混乱をまき起こすかは、最近のヴェトナム戦争終結のサイゴンやプノンペンでも見られたが、昭和二十年八月十五日の日本でも、朝鮮でも、似たようなものであった。京城大学の朝鮮人学生たちが家へやって来て、この家をゆずってほしいとか、新しく研究所を作るから、蔵書を譲りうけたいとかいって来たのには、快く応じた。私のアメリカで収集した書物が、新しい朝鮮の研究活動に少しでも役に立てば幸せだと思った。

しかし進駐軍の中にも親切なのがいた。カールトンの卒業生でコレンというのは、私の名前が同窓会名簿にあったからといって訪ねて来た。そしてもし希望なら少しだけれど、本を日本へ送ってあげようといった。サーマン・アーノルドの「統治の象徴」や、シャーフマンの「インターステート・コマース・コミション」などが、この時、カートン・ボックスで海を渡って朝鮮から送られて行った何冊かの本の中にあった。もう一人、デアンジェリスという大尉に、ロックの翻訳があるという話をしたら、航空便で日本へ送ってくれた。これは大分たってから岩波文庫で出た。

その後昭和二十五年の暮に、突然、Ntional Leaders project の中の、Democratic Writer というカテゴリーで、J・T・Bの矢吹君と一緒に三カ月のアメリカ視察旅行に行けることになった。行く先々で世話をしてくれたのは、クェーカーの人が多くて、徹底した平和主義者たちだった。この三カ月は楽しく、終戦の日の感懐が生き返った感じがした。

朝鮮戦争のあと、アメリカのイメージは急激に悪化し、それからマッカーシズム、ヴェトナム戦争を通して、平和の守護者としてのアメリカはひどいイメージ・ダウンをする。しかしアメリカの中には、二つの魂がある。一つはピューリタンの精神を守り、正義と自由を尊ぶメーフラワーの伝統であり、もう一つはインディアンを虐殺し、有色人種を圧迫する力の信仰である。

この二つが正しい形で結びついている時には、それはすばらしい歴史的創造力となる。日本に八月十五日をもたらしたのは、まさにそのような歴史的創造力であり、それを日本社会の更生に用いたいというのは、八月十五日以後のわれわれの願いであった。

私は今でもこの方向は正しいと思っている。アメリカの判例の中にも、裁判がこの方向を着実に辿りつつあることを示すものは多い。それはとくに黒人問題に関する判例に一貫してあらわれているといってよい。一九五四年のブラウン事件の精神は、それから二十年たった今、ニクソンの任命したバーガー長官の最高裁の下で、多少の弱化はしているようにみえながら、全体としてはペシミスティックな見方は正しくなく（たとえば、J・ハーヴィー・ウィルキンソンⅢ「裁判官に仕えて、あるいは正義に仕えて」一九七四年、一五〇頁）、私もまたそれは決して死んでいないと思う。そうして大切なのは、われわれの側で、八月十五日の精神を死なせないことなのである。

〔うかい・のぶしげ　元京城大、東大教授　現在専修大学教授。一九〇六年――一九八七年〕

重圧感からの解放

田畑茂二郎

八月十五日、僕はこの日を家族が疎開していた京都府下の船井郡の三宮村で迎えた。その年の三月十三日の大阪空襲をきっかけに、京都の小学校でも学童疎開がはじまりだし、小学三年の長女も、京都におれば、家族とはなれて疎開しなければならなくなってきた。それで、三宮に嫁いでいた姉のすすめもあって、僕だけが京都に残り、家内と子供三人を四月はじめ頃から三宮に疎開させていた。京都から山陰線で園部に行き、そこから木炭バスにゆられて二時間あまり（ときには峠でエンコするため三時間も四時間もかかることがあった）で檜山に着き、そこから徒歩で一時間ほどという不便なところであったが、一歩村に足をふみ入れると目の前に美しい田園風景がひろがり、ときどき京都から訪ねる僕に、一瞬戦争の重圧感を忘れさせてくれた。

家族が住んでいた家は、姉が知人から借りてくれたもので、養蚕に使っていた納屋をようやく人が住めるように改造したものであって、家とはいえないお粗末な小屋のようなものであった。ラジオもなかったので、終戦の詔勅は聞かなかった。したがって、僕は詔勅を直接聞いた瞬間の感動を体験していない。ようやく午後になって、詔勅が放送されたことが伝えられたが、それを聞いても、不思議に戦争に敗けたという敗北感は起きてこなかった。それよりも、なんともいえない複雑な気持であった。戦死した友人のことなどがフッと頭に浮かんだが、日一日と次第に暗い深淵の中にひきずりこまれていきそうな思いで重苦しい毎日を過していた自分の目の前が、急にパッと開けたように思われ、これで僕も生きていくことができるのだという感情がこみあげてくるのが感じられた。

京都へ帰ってくると、戦争の重圧感——それを象徴していたのが燈火管制であったが——から解放され、町全体が明るさをとり戻した感じであった。しかし、その反面、連合国軍による占領という、これまでまったく経験したことのない新しい事態を迎え、どことなく落付かない気分が感じられた。冗談とも、真面目ともつかない調子で、連合国軍がやってくるとなにをするか分からないから、当分婦女子は疎開地から都会へ帰さない方がよいのではないかと、先輩のある教授が話しているのを聞いて驚いたが、それよりも、いま思ってもひどく滑稽だったのは、数日経って、大阪の高射砲師団から人が研究室に訪ねてきて、降伏のことにつき話をうかがいたいから来てくれというので、田岡良一先生と二人で大阪の天王寺公園の中にあった師団司令部に行った時のことである。司令部の一室には、佐官級から、中には将官級とも思われる、昨日までは肩をいからせていた人達が集っていたが、要するに、連合国軍がやってきたらどうしたらよいかという他愛もない話であった。中には、降伏の時には手を上に挙げなければならないのですかと聞く人もあった。権力によりかかっていたものが、ひとたびその支えを失うと、こうももろいものかと情なかった。

九月に入ると、身辺がなにかと忙しくなってきたが、戦争が終わって、僕にとっての最大の仕事は、戦争中から少しずつ準備していた、国家平等原則と思想史的研究を書物にまとめることであった。昭和九年に大学を出て研究室に入ったが、指導教授もないままに、はじめはいわば無手勝流で、国際法はいったいわれわれ個人つまり市民とどのような関係にあるかといったことを考え、この観点から、個人の国際法主体性の問題や、個人争訟が国際争訟に転化する過程の問題などをとりあげたり、また、国際法社会の基本にかかわる問題として、国家承認の法構造を自分なりに分析してみたりしていたが、戦況がきびしくなるにつれて、僕は次第に国際法思想史の研究に沈潜するようになっていた。そのきっかけとなったのは、E. D. Dickinson の The Equality of States in International Law, 1920 との出会いであって、ディッキンソンに触発されて、国家平等原則の成立過程を中心として、近代国際法の思想的源流を探ってみようという気持になったのであるが、きびしい環境の中ではげしく動いていく戦争という現実からできるだけ離れたところで、自分自身のささやかな勉強の場所を求めていこうという気持がひそかにあったことは否定されえないであろう。

戦争が終わった翌年に、僕の処女出版として出した「国家平等観念の転換」は、そうした戦争中の研究をまとめたものであった。表題ははじめ「国家平等の原則」とするつもりであったが、「国家平等観念の転換」となったのは、戦争に敗けた日本で国家平等というと、なにか占領軍に楯突くようであり、占領軍当局からの出版許可が下りないのではないかという出版社からの申出があり、馬鹿げたこととは思ったが、その顔を立てた結果であった。「国家平等観念の転換」は、いま読み返してみると、あちこち拙い点に気が付くが、しかし、僕の戦後における研究活動は、この書物が出発点になったということができるであろう。

この書物は、近代的な国家平等の原則が、これまでかなり多くの人がのべていたように、グロチュースではなく、プフェンドルフに由来するものであり、啓蒙期自然法思想に根差す自然的平等の観念を基礎としたものであることを明らかにしようとしたものであるが、その点を考えていくにつれて次第にはっきりしてきたことは、グロチュースの国際法思想が、国家主権観念を基調とするいわゆる近代国際法思想とかなり性格を異にしたものであるということ、近代国際法思想の原型をグロチュースに求めることは、かならずしも適当ではないということであった。戦後は、僕の関心はプフェンドルフからさらにすすんで、ヴァッテルに移るようになった。そしてヴァッテルにおいて国家の自由・独立、主権観念を基調とする近代国際法思想がはっきりとした形をととのえるようになったという考え方をとるようになり、そうした立場から、昭和二二年に「近代国際法思想の成立」(「思想」二七七号)、昭和二五年に「国家主権と国際法」(法律学体系法学理論篇)、「国家主権の現代的意義」(「思想」三一二号)、昭和二六年に「国家の独立」(「思想」三三〇号)を書いたが、そうした戦後の一連の論文の出発点となったのは、戦争中、時には燈火管制下の暗い明りの下で細々と書きとめてきた「国家平等観念の転換」だったといって、差支えないであろう。

国家の自由・独立、主権観念を基調とする近代国際法思想が、グロチュースでなく、ヴァッテルにおいて形成されたとみることによって、国家主権観念のもつ歴史的な性格に新しい照明を与えることが可能になるが、このことは今日の国際法上の問題を考える上にもかなり重要な意味をもっているということができる。

ヴァッテルについてなによりも注目されるのは、かれがきわめて強い調子で市民の自由を主張し、かなりはっきりとしたかたちで国民主権の観念を認めていたことである。そして、かれの自由・独立の主張は、それと不可分に、いわばそれを守るといった意味合いでもちだされたものであったということができるのである。かれの主著 Le Droit des Gens がアメリカの独立戦争に理論的根拠を与えたことは有名であるが、その中で、かれは、悪しき統治者が国民の「自由と権利を損ったり、……かれの統治が明らかに国民を滅亡に導きつつあるときには、国民はかれに抵抗し、かれを裁き、かれに対する服従から逃れることができる」(Liv. 1, ch. IV, §51) とのべているように、国民の抵抗権、分離権さえも認めていた。このかれが国家の自由・独立を強調したのは、市民的自由を基調とする国民国家形成過程において、それを阻害するおそれのある絶対的主義諸国からの干渉を排除しようという趣旨を多分にもっていた。その意味において、国家主権は一種の抗議的概念としての性格をもっているということができる。

第一次大戦後、西欧国際法学においては、国家主権観念に対し否定的な傾向がかなり強くなっている。それにもかかわらず、ソビェトなど社会主義国家の国際法学においては、国家主権は国際法の基本原則の一つとして重視されており、また、第二次大戦後植民地から独立した新興諸国も、それを強調するのが一般的な傾向である。なぜ国家主権が強調されるのか。ソビェトの科学アカデミーの国際法テキスト・ブックをみても、ただそれが強調されるだけであって、そのことについて、とくに納得のいくような説明はなされていない。そのため、これらの国ぐにの国家主権の主張は、単なる国家の個別的な立場を主張するためだけのものにすぎないとみられるきらいもないわけではない。国家主権を右にみたような歴史的性格をもつ抗議的概念としてとらえるならば、社会主義国家の場合は、資本主義諸国による干渉を排除するための、また、新興諸国の場合は、新植民地主義を排除するためのものとして、それぞれ位置づけることが可能になるのではないだろうか。

〔たばた・しげじろう　京大名誉教授　京都府立大学学長。一九一一年—二〇〇一年〕

赤軍に投降して

磯野誠一

私が日本敗戦の事実をはじめて耳にしたのは、八月十五日大興安嶺〔現在の中華人民共和国遼寧省経棚のあたり〕南はずれの山中の中国人農家の中庭で、数日前からたまたま行を共にしてきた日本人と一休みしているとき、その中の一人が持っていたラジオからであった。一緒に聞いていた数人の日本人は、ラジオが日本の敗戦を伝えているとは気づかず、国民に対して今後一層戦争目的完遂のために努力するようにとの訓示と受けとって表情一つかえる者がいなかった。満州事変以来の日本の動きに賛成できず、日本の勝利があると考えなかった私は、これで、今まで我々を閉じこめていた四方の厚い壁の一角がくずれ、新しい社会への道が少し開けるように感じ、正直のところほっとした。しかし、そんな事を云えば国賊とばかりに殺され、敗戦の事実を知らせるだけでも非国民としてなぐられるおそれが多分にあったので、皆の様子を見守ることにして口をつぐんでいた。しかしほんとうのことを知らせないと、全く見当ちがいなことをやり出すのではないかと不安になって、私は皆の顔色をうかがいながら「日本の旗色がだいぶ悪くなったと云っているんじゃないですか」と切り出して、一言二言、言葉に気を配りながら彼らの思いこみを少しずつ崩してゆくようにと努力した。彼らが敗戦の事実を理解するまでの間、今にも怒って殴りかかってくるのではないかと不安と緊張の連続で、実際には三十分ほどだったのだろうが、私には長い長い時間に感じられた。後日、放送に対する彼らの最初の反応を回想するごとに、偏った知識と固定した判断の枠組にとじこもることのおそろしさの一例として思いおこすのだが、当時は彼らと私との受けとり方の違いに驚き、場所が興安嶺の山中ということもあって、今後のことを考え、云いようのない孤独感に陥った。

*

敗戦当時興安嶺の山中にいるようになったのは、前々年から私は遊牧社会の法慣習の研究を目的としてモンゴルに来ていたが、この年の七月中旬以来興安嶺のすぐ西側のシリンゴル盟東アパハナル旗にもどり、八月はじめからは弟子入りさせてもらったモンゴル人の世話で近日中に婚礼のある家庭に唯一人とめてもらっていたところに、モンゴル人民共和国軍の進攻に出あい、それを避けるためには東へと行く以外に方法がなく山中に入ってしまったわけである。

一緒に放送を聞いた人たちやその仲間は、途中でたまたま出あった日本人で、彼らの間の会話の内容から元満州国の役人、警察官、それに日本軍の特務機関員もまじっていたようだった。これまで接することのなかったこの人たちと行を共にするのは、あちらも迷惑だったろうし、こちらも勝手がわからず困惑したが、この地域の地理にくわしい彼らについて行くより我が身を守る方法はないので、しんがりについて行動していたのである。日本が敗けることなどあり得ないと信じこまされてきたこの人たちの敗戦直後の心理、行動に類似したものは、他でもたくさんあったのだろうが、これにも私は驚き、絶望を感じさせられた。ある人たちは、はじめは茫然自失、どうしていいかわからず、ぼんやりしていたが、次には自暴自棄というのか、無軌道な行動に走って中国人農民を全く何の理由なく刺し殺して平然とし、婦人を犯したことを誇らしげに語るという風だった。そのなれたやり方から推して、彼らがかつて戦場あるいは任地でしてきたことのくり返しに無責任が加わったのだろう。心の中で私がこれらの行為に怒りを感じて、彼らと自分とはちがうのだとがんばってみても、中国人からは同類の日本人とされ、行為に対する責任を負わざるを得ない地位にあることを考えると、私には命を全うして日本に帰国できるとは思えなかった。山中を歩いているとき住民の敵意にみちた視線にさらされ、また銃火をあびせられたことから、私は日本軍、日本人の長い期間にわたる住民への圧政のひどさと、それに対する反感・怨嗟の強さを身をもって経験させられた。

＊

一時は三十人ほどになった日本人集団も、夜間にしか行動できなくなり、またソビエト軍戦車に追われたりして、散り散りになり、数日後には数人のグループになってしまった。同行の人たちは、この頃になってもまだ日本軍は健在であり、満州の中心部の治安は確保されていると信じこみ、東進してその安全な地域に到達するのを目的としていた。私にはそうは考えられず、他の人とは別行動をとることにして、目と鼻の先を行軍しているソビエト軍に、単独で降伏することを決意した。

銃撃されることもなく、ソビエト兵に見つけられたのはよかったのだが、私が投降した場所がシラムレン河にかけられた巴林橋という有名な橋のたもとで、その橋を日本軍が逃げるさいに爆破して、ソビエト軍の進攻を妨げていたところであったため、私は爆破を実行した日本軍特務機関員との嫌疑を受けてしまった。その場で受けた取調べも相当に強いもので、少し身体を悪くしてしまったが、どうにも説明に困ったのは、取調べにさいして、「お前はモンゴル遊牧社会の法慣習の研究に来ていたというが、モンゴルのように文化水準の低いところに来て研究ができるはずがないではないか、お前はうそを云っている」と頭ごなしにやられたことである。学問論や研究方法をよく説明できるだけの語学力はなく、たとえ説明できても理解してもらえる予想もたたず、ここでも絶望的になり、いつ処刑されるのかとの不安におびえる何日かを過ごした。私は後ろ、手にしばられ、下士官一人、少年兵二人に引きたてられて、街道を南へ南へと歩かされることになった。後に地図でみると赤峰まで約百数十キロの道の大部分を手が不自由なままに歩いたわけである。針のむしろの上を歩くというのはこのことかと思うほどに激しい足の痛みに耐えられたのは、一つには下士官のピストルが首すじにあてがわれ、歩みをとめることが許されなかったためであろうが、それよりも、敗戦によってこれまでの軍部、右翼の勢力が弱まり、やっとまともな社会にする機会が到来した今、日本に帰ってそれに参加できないのは何としても残念至極、どうしても生きて帰らねばという強い思いであり、執念であったように思う。絶望的な状態の下での家族への愛着は辛い苦しみとなって、力の源とはならず、観念的なものへ逃避する方が楽で、耐える支えとなった。

＊

百数十キロの道をソビエト軍と共に歩きながら見る彼らの行動は、軍紀厳正とは思えず、戦前社会科学を学んだ者の多くが持っていた赤軍のイメージとはちがうものであった。赤峰でも再三取調べを受けたが、特務機関員の嫌疑が解けたのは、一人のソビエト将校の好意によるものと思う。その人は日本語が非常に上手で、日本の事情にも通じ、軍人らしからぬところがある人だったが、会話の中で、自分はがんらい美術研究者だったと云い、ドイツとの戦争以後、赤軍の軍紀が悪くなったのを嘆いていた。私が橋を爆破できるような人間ではないことを、この将校が取調官に説得してくれたのだろう。嫌疑がはれた後、日本人収容所（旧満鉄社宅）に入れられたが、ここでも軍関係者が自分と家族・財産を守ることだけを考え、在留日本人を置き去りにして早々と逃げ出した事例をたくさん聞かされた。超満員になった収容所で、私は自国語を知らない朝鮮出身の少年と押入れの中で十数日を共に過ごし、自らの民族の言葉を学ぶ機会をも奪う植民地支配の罪悪の深さにおののいた。同時に私の遊牧社会の法慣習調査が軍や占領政策とは直接関係のない不要、不急のものであったにしても、日本の中国侵略の上にはじめて成りたっていたもので、自分の手の汚れを再認識させられた。この負い目を忘れることは許されないが、モンゴル社会にくらして調査をすすめる中で、異質の文化と接するときの態度、理解のために必要な思考方法を多少とも学び得たのは、その後の私の研究、特に家族法・家族関係研究、人間観形成には大変に役だった。当時私が属した研究所（今西錦司所長、石田英一郎副所長）は人文・社会・自然諸科学の専攻者が集まった小規模ながら総合研究所だったため、知識・発想を異にする者の日常の接触と学際的共同研究が学問等の発展に大きなプラスになり、また楽しいことを具体的に知ったのは大きな収穫だった（たとえば当時から生態学的見方の一端を聞きかじっていたことが後日大いに役だった）。

＊

結局、私はモンゴル人民共和国で約二年の捕虜生活を送ることになったが、停滞した社会と革命を経た社会とを比較対照することができて、社会が進むべき方向を確認する機会を得た。戦前戦中、権力による思想・学問・表現の自由への弾圧、それに対する消極的態度がもたらした結果をつぶさに経験した世代の一人として、戦後自分がなすべき仕事をしてきたかを省みると、内心大いに忸怩（じくじ）たる思いをする。

〔いその・せいいち　神奈川大学教授。一九一〇年―二〇〇四年〕

欧露の収容所にて

福島正夫

敗戦の頃、私は、法務中尉としてチチハルの第四軍にいたが、日ソ開戦すぐにハルビンに後退し、八月十五日軍司令部に集合、「終戦の玉詔」を聞いた。もっとも、前日、参謀部付年輩の応召将校が「もう鉄兜はいらないよ」といったので、大体察知はしていた。放送は雑音のなかでとぎれとぎれに聞こえた。ポツダム宣言の受諾、「朕は汝臣民と共に在り」との言葉が辛うじて分かった。軍司令官以下は涙さんぜん、すすり泣き。私は死なずにすんだ、これからの日本は、と感じたが、表情には出せない。

国境では善戦と伝えられていたものの、実は玉砕か降伏。東部国境前線の第五軍では、師団長行方不明、軍司令部は官邸に集合、総自決の一時間前、関東総軍の命令で取止めたという。それと比べハルビンは後方で、まだ秩序があった。ワシレフスキー元帥総指揮下の戦車隊は真先に第五軍を粉砕した。少数の野戦重砲しかこれに対抗できない。

阿城県での武装解除前、われわれ法務部は、連れてきた朝鮮人軍属二名につき奔敵未遂事件の公判を開いた。場所は法務部所在の工科大学教室、壇はビール箱。金日成将軍を崇拝し、在ソと信じて国境に向い逃走中つかまった青年である。普通は無期だが懲役七年位に減刑した。彼らを連れ、ソ連の護衛兵につきそわれて、横道河子（北満の樹海）から牡丹江収容所に至る三日の行軍。降伏を肯んじない脱走部隊の砲声が山々にこだまし、降伏の説得にいった若い参謀少佐は射殺された。途中で火焔放射器でやけただれ夢遊病のようにたたずむ兵や多数の開拓団の列をみたが、どうすることもできない。

三ヵ月収容所にいるうちに、まっ先に解放されたのは、朝鮮の人であった。既決囚は別の場所にいたが、そのうち前記の二青年はわざわざ私を訪ねてきた。「法務官殿、帰ってお互いに祖国の再建に努力しましょう」。よし、そうしよう、さよなら、と固く彼らの手をにぎった。いま彼らは北か南か、どうしていることだろうか。

八・一五のとき、私はすでに応召後満四年、はじめは歩兵将校で一年、それから有資格者として法務に転科させられ、短期訓練の後、名古屋師団司令部に勤務した。扱ったのはほとんどが軍属工員（軍工場）の窃盗などの事件である。治安維持法違反は軍医見習士官の一件、憲兵が送致したが実に下らぬもので、起訴留保にできた。大阪師団で学徒出陣兵のこの種事件の公判があり、見学にゆかされた。公訴状のなかで、「末川万才」といって学生がさわいだことがあったので、戦後、末川博士にお伺いしたがお心当りはなかった。これは数年の懲役を課された。

一九四四年二月、私は関東軍第五軍の法務官と入替えに転任した。ここは東部国境である。管下の虎林師団はウスリー江岸にあり、このすぐ下流に中ソ国境武装紛争をひきおこした珍宝島がある。ここに来てからの事件は、軍刑法、軍機保護法が出てくる。前任者はソ連に逃亡後帰還した兵を奔敵罪として死刑に処した。翌四五年初夏私は第四軍に転じた。

さて、私たちは、帰国でなく収容所に送られた。二十五日間の貨物列車旅行はシラミとりのほか用事もない。自然、上述朝鮮青年の言葉をかみしめ考えることになる。小窓から雄大な風光をながめ、ネルチンスク、バイカル、クイブイシェフなどの駅名連呼を聞きつつ、やがて欧露の収容所についた。私は二冊の露和字典と一冊の独和字典を所持し、これが実に役に立った。

監視哨の望楼、有刺鉄線でかこまれた収容所内にもスターリンの像は至るところにある。レーニンは常にその右後ろに小さくみえる。これへの異和感は終始存したが、しかしソ連をじかにみ、しかもラータや作業への往復などで民衆と接触する機も時にはあり、彼らの気持もうかがえた。コルホーズやレスホーズでの作業も、応召前、本で制度を知っただけの私には、深い興味がもたれ、少しも帰心矢のごとくでない。

八・一五は、私にとって平和と社会主義のささやかな実際体験にとり出発点となったのである。一年あまりたつとドイツやバルカンからソ連兵が復員してくる。帰るのも帰らないのもある。迎える家族にとっていかばかりの喜び、また涙であったことか。しかし彼らは強敵ナチスに勝った。社会主義体制の勝利という自信をもち、これから復興建設に立ち上る。一九四六年はソ連全土大凶作で、野草は村民の常食の一部となった。

当時捕虜たちには、ハバロフスクで編集される民主運動の日本新聞（相川春喜氏も編集に参加）が配付された。日本国新憲法の制定もこれに載ったと思う。軍人勅諭の暗唱でくらした現役軍人たちに、「主権在民」の意味が分かるはずがない。彼らの間に「大新」と改元されたとのデマが流された。

私は収容所文化クラブ主任になった。任務は、各バラックに夜の講演にいったり、壁新聞を書いたりすることで、のちには図書室を開設もした。はじめから図書室はあったが、もとドイツ捕虜の収容所だったので、備付の文献は全部がドイツ語、邦訳を必要とする。私が率先し、さらに語学力ある者何人かを動員して、ようやく十何冊かパンフレットができ、閲覧者もふえてきた。壁新聞には民主主義の宣伝、ソ連事情の紹介、世界の事情とくに日本のことを書く。その資料としてプラウダ、イズベスチァが配付される。それには、極東国際軍事裁判のことも出ていた。

東條英機ら最高戦犯の裁判は、われわれ人民がみずからこれを裁ければ、と思った。末期の東條は制度上も独裁者となり、軍政両権を一手ににぎり、狂気の憲兵政治を行なった。重臣たちにも嫌われ、何とか彼を更迭しようとしたが、できない。サイパン島全滅の責任をとらせ、やっと四四年七月辞職させた。これについては、高松宮の情報掛であった細川護貞氏のメモ『情報天皇に達せず』(昭和二十八年刊)が詳しく述べている。同書によれば彼はさらに阿片密売による不正の蓄財をしていた。なんと当時の金で十億円という。そして宮内省等に附け届けもし、権力に復活の危険ありとしている。彼と同じく第一次逮捕のA級戦犯になりながら何故か起訴をまぬかれた東條内閣の商工大臣、軍需次官(大臣は首相兼任)の岸信介も、「在任中数千万、少し誇大にいえば億を以て数へる金を受けとり……その参謀は鮎川(義介)」であったという。田中金脈どころではない。

八・一五の必然性は、軍司令部にいた私には早くから分かっていた。ではそれへの心構えはもっていたか。残念ながらそうはいえない。八・一五ののちも、前述の朝鮮青年の言葉に胸をつかれ、汽車輸送から収容所生活で次第に眼が開かれた。そして文化運動の責任者となり、収容所内で目立った存在となった、帰国船では反動派が羽根をのばしてきたが、「あいつに日本海の水をのませろ」と彼らはいった。

舞鶴に上陸すると、米軍もそうである。私は特別の取調べをうけたが、サンフランシスコ条約発効直前、二回にわたりGHQのCICから嘘発見器にかけてのきびしい訊問にあった。ソ連から特別の指令をうけて帰ったというが何か、と問う。ひどいものである。在外数年、祖国認識の空白をみたすために、とりあえず八・一五からの新聞を我妻栄先生の研究室で二カ月かけてよみ、ノートをとった。時事年鑑の一九四七年版（復刊第一巻）は、とくに有用であった。その頃六法全書はまだ出ておらず、チャチな法令集しかない。またGHQ指令などを編集解説した「管理法令研究」を横田喜三郎教授が月刊で刊行しておられた。

私はその頃よく招請されてソ連憲法等につき講演に出むいた。そうした関心は組合などに強かったようである。しかし当時ソビエト法の原書は入手できず、戦前の山之内一郎氏らの論文や訳書のほかは、アメリカの文献にたよるほか研究はできなかった。現在は原書がはんらんし、今昔の感にたえない。

その後まもなく、満鉄調査部による中国農村慣行調査のぼう大な聴取書資料を刊行する計画が出た。これに関する東亜研究所の学術委員会には私も研究員として応召まで約二年関係している。入隊した会津若松で最後の原稿を人目をはばかり研究所あてに投函した。「中国農村慣行調査」は、仁井田陞氏を代表者として岩波から全五巻が刊行された。

この調査と現在の中国法研究との間は、直接のかかわりがない。中国共産党の活動について、エドガー・スノーの『中国の赤い星』は、応召前に読んだが、解放区の状況も毛沢東の論文もほとんど知らないのである。ソ連の収容所内でそれが少し分かり出したのは、『新民主主義論』を人から聞いたり、プラウダで中国人民解放戦争の状況をみたりしてである。四六年延安の陥落、翌年人民解放軍の全面的優勢に、重ね重ねおどろく。また東欧人民民主主義国についても毎日記事があり、当時十分な理解はできなかったが、世界は変わると思った。帰国したらベテランの研究者たちが中国研究所を創立し、盛んに紹介や研究をしていた。新中国成立前の事柄である。

地券制度など土地制度史研究は、戦前五年ほどやっていたので、かなりの書類があり、老父が保存していた。これを続行中、日本勧業銀行史の仕事を頼まれ、財政金融の面で大変に勉強になり、あわせて土地制度の重要資料にも接した。そこで、当初の計画の一部分を再構成して『地租改正の研究』にまとめたが、完成していない。また、「日本資本主義の発達と私法」もこれを機に着手したが前同様で、汗顔の次第である。

八・一五以来三十年、幸いにも生命を保ち、大方の御指導や御援助のおかげで多少とも学問を進めた。他方、有為の人材がこの戦争で散った。フィリピンで戦死の戸谷敏之氏、敗戦後北鮮で戦病死の徳田良治君など、いうべき言葉がない。

〔ふくしま・まさお　早稲田大学客員教授。一九〇六年—一九八九年〕

見込みのない愚かな戦争

河村又介

一九一四年、ヨーロッパでは普仏争以来太平が続いていた。しかるにこの年六月セルビアの一青年がオーストリアの皇太子を狙撃してから俄かに風雲急を告げるに至った。各国の政治家は対策に迷った。中でも最も困惑したのがドイツの社会党であった。それまで各国の社会党は、「プロレタリアに祖国なし、万国の労働者団結せよ！」という共産党宣言を守り続けていた。現に一九〇五年のアムステルダムにおける第二インターナショナルの大会では、ロシア代表のプレハノフと日本代表片山潜とは、全世界の社会主義者環視の中に壇上にかたき握手をかわし、「今、日露両国の軍隊は満州に血を流して戦っているけれども、それはわれら労働者にとってかかわりないことである」、として平和主義のために気を吐いたのであった。しかるにその後ドイツの社会党はますます勢力を増大して、議会の第一党となり議席百十余を占めるに至った。そしてそれと同時に責任ある政党として主義政綱も現実化的傾向を帯び始めた。恰（あたか）もそのとき右に述べた戦争勃発の危機が迫ったのである。

ドイツ皇帝は戦費五十億マルクの支出を国会に求めた。これに対して如何なる態度をとるべきかについて社会党の幹部は迷った。戦争反対ということは国民の愛国の熱情が許さない、さればとて戦争賛成ということは、多年マルキシズムの平和主義を堅持してきた党員たちが受け容れるはずがない。二つの要請に挾まれては棄権ということくらいが関の山の妥協点であろうか？　そのような考えを抱いて代議士会を開いた。全国に散在していた党員たちは、招集を受けてベルリンに集まった。彼等がわが家を出るときは、マルキシズムに忠実に戦争絶対反対の決意であった、ところが停車場にも、列車の中にも、沿線にも、熱狂した国民の愛国の気が溢れていた。その熱気にあてられて洗脳された彼等がベルリンに着いたときには、みんな軍国主義者になっていた。そして代議士会に臨んだ党員たちは、幹部の予想に反して積極的に戦争賛成を唱えた。主義に忠実に、戦争反対を表明したのは百十数名の党員中僅かに十数名、それも翌日の国会の議場では党議に従って戦争賛成の投票をせざるをえなかった。

なかでも悲痛を極めたのは少数派の首領ハーゼの心境であった。彼は心中、戦争反対の信念を抱きながら、党議に従って開戦賛成の演説をすることを余儀なくされた。やむなく彼は、この戦争がフランスやイギリスに対するものであることには一言も触れず、専制主義のロシアに対するものであることをもって開戦賛成の理由としたのであった。これによってカイゼルは大いに喜んだが、社会主義の側から見れば、その戦争反対の多年の歴史に転機を作った事件であった、八月四日のことであった。その日はこうしておさまったが、このようなことが度重なるにつれ、少数派は遂に脱党して、独立社会党を結成した。こうして、この日は社会党員にとって忘れがたい苦杯の思い出の日となったのである。

＊

大東亜戦争については、開戦も終戦も国会に諮られることはなかった。したがって、戦争に賛成か反対かについて議員たちは直接に責任を負う立場にはなかった。まして一般国民は殊にそうであった。しかしそれでも国民各自の心中では、戦争に対して一定の見解をもっていたはずである。戦後は誰れもかれもが平和主義、民主主義という。しかし極限においてはこの二者は必ずしも一致せず、人は二者択一を迫られる場合なしとしない。例えば、外国が武力をもって迫り、自国の独立が危うくせられる場合の如きがそれである。数年前のプラハの春の事件はそれに近かった。ある思想家は、そんな場合一時は独立を失っても、将来いつかは回復することができると説いていた。クリスチャンであるこの人は、ユダヤが二千年の亡国の後独立を回復したようなことをでも考えているのであろうか？　われらから見れば、なにをのんきな！　二千年はおろか、三年でも五年でも独立を失ってはならぬのだ。一旦失った独立を回復するのに如何に多大の苦難が伴うかを考えれば、そんなのんきなことは言えないではないか。

私共はあるとき、われわれがさきにのべたドイツの社会党のような場合に遭遇したら如何なる態度をとるべきかを仲間の連中と話しあったことがあった。そのとき仲間の一人は、「たとえ主義のためでも、同胞危急の場合にそれを見棄てることはできない」といった。その頃の私は、それに対して批判的であった。しかし齢を重ねるに従って私の信念も動揺を始めたらしくも思われる。

＊

　私は日清両国の間に暗雲漂っていた頃に生まれた。そして「日清談判破裂して」の軍歌や剣舞の中に育った。勇敢なる水兵やラッパ卒の話、三国干渉、臥薪嘗胆(がしんしょうたん)などに悲憤慷慨させられた。北清事変といっても今の若い人たちはその言葉も知らないくらいだろうが、この事変には私の郷里の連隊が出陣した。その連隊の一人の中尉が負傷して陸軍の病院から私共の村に帰っていた。あるとき私は父に命ぜられてその中尉のもとに手紙を届けたことがあった。その中尉は頭を撃たれて視神経をひどくやられたとかで失明に近いと聞いていたが、私が訪れたときちょうど家の外でまき割りをしていた。私が帰宅して父にそのことを話すと、父はいたく感激して、「あの人こそお国に身命を捧げつくしてもうこの上なんにもしなくてよい人だ、それでもなおまき割りをしていられたか！」と感銘の言葉をもらした。このくらいのこと、どこにでもザラにある話で珍しくもなんともないのだが、いわゆる美談でも伝聞でもなく、父がごく自然にあらわした感激の表情は、七十年後の今でも私の印象に残っている。

　日露戦争の頃は、私はすでに高等科（今の小学校五年）に進んでいた。最新のニュースは翌日配達される大阪の新聞、たまにはその号外よりほかなかった。私はそれを待ちかねて毎日のように配達店までとりに行った――それには連載される講談の続きを読みたいこともあったのだが。旅順陥落のときには、私の綴り方がよく出来すぎているというので、先生たちは私の自作であることを信じてくれなかった。

五月末、父と私は麦のとり入れのために野良に出ていた。すると遙か遠くから雷のような音が断続的に聞こえた、後にそれは日本海大海戦の砲声であったことがわかった。また麦畠の傍を通る汽車の中から熱狂した男が、のり出すようにして叫びながら紙片を投げてくれた、日本海大勝利の号外であったが、まだ海戦の半ばに刷ったもので、敵艦八隻撃沈とだけで全滅の結末までは書いてなかった。

思えばこの日は世界歴史転回の日であった。仮りにこの海戦の大勝利がなかったとしたならば、日本は、アジアは、どうなっていたであろうか？　ヨーロッパは十九世紀の通りの世界支配を続けていたであろう。アジア諸国は依然として世界歴史の舞台の上に上っては来なかったかもしれない。日本もその一国としての地位を認められるに止まったかもしれない。それだのにこの頃は大学生でも、五月二十七日に今日は如何なる日かと訊いてみても思い出すものは少ない。彼等はトラファルガーやネルソンの名は知っていても、ツシマやトーゴーの世界史的意義を知らないのだ。願わくは八月十五日と共に、五月二十七日の意義をも認識してほしい。

＊

以上のような体験や環境は私の潜在意識となって、知らず知らずの間に私をナショナリズムの方向に駆り立てているらしい。私はもの心ついて以来、一貫して民主主義の立場を貫いているつもりである。自ら社会主義に同調しているつもりでもある。しかし如何なる場合にもナショナリズムを棄てることはできなかった。

私は最初から大東亜戦争に反対であった。それは勝つ見込みのない愚かな戦争だと思ったからである。したがって、真珠湾やマレー沖やシンガポールなど緒戦の勝利に目が眩んで、一時は思い返そうとしたこともあった。しかし結局すべて空(むな)しい夢と化した。

私は世界史の転換という私の言葉に激励されて出征して行った学生諸君にすまないと思う。私の姪の夫はその妻が孕(みごも)っているときに戦死した。姉の一人息子も戦死した。私の長男は東大の理学部を出たが、その卒業式の日が海軍技術将校として海兵団に入団する日であった。そして海軍附属の炭坑に配属されて数日目に病気にかかり、結局死亡した。三人とも若き中尉であった。私の遠縁の男は三人の息子に次ぎ〴〵に戦死された、最初の二人までは毅然としていたこの男、さすがの薩摩武士も三人目の戦死には遂に黙して口を利かなくなった。それらの英霊に対しては、ただただ冥福を祈るのみ。

〔かわむら・またすけ　元最高裁判事　国学院大教授。一八九四年―一九七九年〕

私の八月十五日　第二集

二〇年後への待望

植松　正

昭和二〇年八月一五日！

私はその日いつものように東京の恵比寿にある海軍技術研究所へ出勤した。そのころ私の本職は台北帝国大学文政学部の刑事法学担任の教授であったが、この年の四月から海軍技術研究所内に置かれた「戦争心理対策委員会」の委員（嘱託）を兼務することになり、事実上はそれが本務のようになっていた。だから、四月初めには東京に来ていたのである。この委員会は、ことによると、海軍艦政本部所属であったのかもしれない。今、ふと思うのである。というのは、八月一五日いよいよ無条件降伏となったとき、係官兼子宙技師（民事訴訟法学者兼子一教授の令弟で心理学者。後の早稲田大学教授）から、

「みなさんの名簿は全部焼却いたしましたが、ただ一つ艦政本部にだけ残っています。これは、進駐軍に正式に引き渡さなければなりませんので、消せません。万一、戦争犯罪に問われるようなことがあったら、お許し願います」

と言われたからである。兼子中佐は持前のおっとりした態度で、微笑をたたえて冗談のようにこれを言

ったのだし、そんな申し渡しをするような深刻な場面ではなかった。もともと、兼子さんは私とは、同年輩の心理学の研究者仲間としてつきあってきたので、半分は戯れごとのように私には聞こえた。でも、「ことによると、なるほど、戦犯かな。」と思い、三ヵ月か三ヵ年かそれくらいは監獄生活を味わうことになるかもしれないと覚悟した。「敗けたんだ。しかたあるまい。」というのが、その時の至極あっさりとした気持だった。敗戦という大事に比べれば、戦犯で入獄するくらいは、大したことではないという感じだったのである。だが、その後の経過は、われわれを戦争犯罪人として処罰するようなことにはならなかった。

私が台湾からこの委員会に呼び寄せられたのは、強制ではない。きわめて急のことでもあり、ちょっと召集に似た気分のものではあったが、あらかじめ東京からの連絡で応諾を求められてやって来たのである。これより先、三月一七日に私は妻と九歳を頭とする一男一女とを東支那海で失った。当時すでに、米軍は近いうちに台湾に上陸するか、沖縄を攻略するか、それとも一挙に本土上陸を決行するか、そのいずれかであろうと噂されていた。そういう風雲の中で、私は身軽になることを望んだ。東京の蒲田には母が残っていたし、何よりも米軍が台湾上陸の作戦に出た場合を考えるならば、在留邦人婦女子の悲惨な運命を想像しないではいられなかったからである。いずれにしても家族が戦禍の犠牲になる運命だとすれば、本土においてそれに直面することの方に精神的な安らぎを覚えたのであった。無論、台北から東京への海路も空路もはなはだ危険であったから、乗るかそるかの大変な冒険であることは分かっていた。だが、一月以来海路に事故がないとの噂に一縷の望みを嘱して、基隆の港を出立させたのであった。ところが、船は出帆の翌朝未明早くも東支那海において潜水艦の攻撃を受けたとの通信を残して消息を断った。即日その情報は私に伝えられた。後で知ってみれば、それはたまたま米軍の沖縄作戦に際会し、その制海圏内での出来事であったのである。

それから一〇日もたつかたたぬころ、突然、私には海軍から戦争心理対策委員会の話があって、上京を求められた。私はこれに応じて、その月末に途中B29に遭遇しながら、何とか空路上京したのだった。着京すると、まず、海軍当局の計らいで、消息不明となった船のその後の情報を調べてくれたが、依然、確実なことは分からなかった。日がたつにつれ、生存の望みを捨てるよりほかないようになったのだったが、そのことについては長島敦大尉（かねて辱知の長島毅大審院長の令甥。後の法務省矯正局長）が特に尽力して下さったので、その軍服姿が今も私の眼前に髣髴としている。

そんないきさつの中で、私は上京当初は蒲田の家に居住して研究所へ通い始めた。しかし、私が母の疎開先を山梨県下に決めて帰った当夜、その家は焼夷弾の海の中に焼失し、東京に置いてあった私の蔵書は一冊の余すところなく失われた。それは私が近隣の夜警に見廻っているうちの空襲であったのである。私は防空壕から這い出して路上一面の火を棒で叩き消しながら、やっと自宅へ帰り着いてみると、庭隅の壕の中で母は生きていたが、家はもうまっ赤に燃え盛っていた。こうして、無一物になったあとは、母を予定の山梨県下に疎開させ、私は荒川区で司法保護事業をやっていた伯父のところに寄寓し、そこから海軍技術研究所に通っていて、終戦を迎えたのである。

さすがに防空の設備も態勢もよかったためか、研究所は八月一五日まで焼け残っていた。そこの庭に所長以下全員起立して終戦の玉音放送を聴いたのであるが、私たちは、一二日ごろすでに極秘の情報として無条件降伏の決定を聞いていた。広島・長崎のいわゆる「新型爆弾」が原子核爆発による巨大な威力のものであることも投下即日に知らされ、その時からわが国が降伏の段取を確定的に歩まざるをえなくなったことも分かっていた。だが、特別のことをなすすべも知らず、漫然と八月一五日を迎えたのだった。何しろ、戦争心理対策にしても、アメリカは開戦と同時に委員会を発足させてあったというのに、日本は降伏のわずか五ヵ月ほど前になって、やっとそれが組織されるという有様であったのである。

そこに集められた者はおおむね在京の心理学者で、渡辺徹（日大）、田中寛一（東京文理大）、高木貞二（東大）、相良守次（同）、宮城音弥（慶応大）その他みな私には旧知の人々だった。それに、外地からは天野利武（京城大）、植松正（台北大）の二人が呼ばれたが、天野教授は八月一五日までに来着できなかった。私などは、そのころも一部分だけ心理学にも足を掛けている程度の研究者にすぎなかったのであるが、それはそれなりに活用の途があると思われたのだろう。心理学以外の分野の人も若干名はいた。中野好夫、中島健蔵、清水幾太郎、日高六郎、尾高邦雄などの諸氏は私がこの機会に知り合った間柄にある。心理学関係者は、まだほかに数名くらいいたと思うが、今は確実な記憶にない。委員ではなく、研究所の本官として仕事をしていた若い士官で後に心理学者として名を成した人も三名ほど覚えている。そんな仲間と共に、私も万感迫る思いで玉音放送を聞いたが、マイクが悪くて、そう明確には聴き取れなかった。ただ、もんぺ姿の若い女子職員たちは、われわれと違って、ほんとうに嗚咽・慟哭したことであった。

終わって直ちに解散となり、私は研究所の図書の主任者から自分の希望するラ・ルースの小型百科辞典と古びた英独の心理学書を二、三冊配分してもらって帰った。戦災を受けてからは、また焼けてしまいそうな不安に駆られながら、本郷の古書店で全五巻一〇〇円で買って防空壕に入れておいたビンディング（K. Binding）の「ノルメン」（Die Normen）などを合わせても一〇冊も蔵書のなかった時代なので、たいへん嬉しかった。

その日の帰途は、田中寛一先生と二人で山手線の電車に乗った。二人とも焼け出されのチグハグな服装であったことは言うまでもない。先生は、私が二〇歳そこそこの研究者であったころ、私を心理学界に押し出して下さった恩師である。私が後に刑法学の研究者であることを表看板にするようになってから場違いの心理学の学位などをもらう気になったのも、若年のころ先生から勧められたことを遅ればせながらも果たす義務があるような気がしたからにすぎない。

その田中寛一先生は、電車に乗ってから、私を顧みて言った。「なに、心配することはないよ。第一次大戦のあと二〇年でドイツは再び盛り返したんだから、日本だって、まァ二〇年もすれば大丈夫だよ。」

その時の意味は、おそらく戦力においても再び開戦時に劣らぬ強国日本の再興を想像しての話だったろう。先生も私もいわゆる軍国主義者ではないが、戦争反対論者でもない。戦争を始めた以上は勝ちたいと思い、敗戦となった以上は早く立ち直りたいと思っていただけのことである。至極平凡な話だが、妙にこの「二〇年」が強く私の記憶に残った。そうして、その後の日本は、ともかくも違った形での大国にまで再建されたのだった。先生のその後の人生は二〇年には満たなかったが、再興のあかしは十分に実見なさった。先生は心理学界唯一の文化功労者としての晩年を過ごし、昭和三七年八〇歳の生涯を終わったのだった。

さて、話を前に戻すが、終戦の日には予期しなかった世相が、程なく出現し始めた。それはあの日から何日くらいたってのことだったろうか。私を驚かしたのは、たちまち街頭には米兵と腕を組んで得意気に歩く女どもを諸所に見かけるようになったことである。戦争は終わったのだから、それでいいのかもしれない。でも、その変り身の早さを見ては、やっぱり驚かざるをえなかった。男どもの方にも、急に看板を塗り替えて、もとから反戦論者であったような顔をしたがるのが多数出現したことであった。

このごろ特に思うのは、付和雷同性の強い日本の社会では、みずから認識しみずから思索する人々の尊さである。

〔うえまつ・ただし　一橋大学名誉教授。一九〇六年―一九九九年〕

〝自由のもたらす恵沢〟

宮沢俊義

あの日――一九四五年八月一五日――は、これといった感興もなしに、なにげなく、やってきたようだ。戦争も近くおしまいになるだろう、というううわさは、数日来うすうす聞いてはいたが、まだきちがいじみた軍人どもが何をし出かすか、わからない。現に前日の晩のいわゆる「陸軍大臣」と名乗った放送の例もある。そう思って、しずかにおひるの天皇の放送を待っていた。いわゆる「玉音」放送は、職員が安田講堂にあつまって聞いた。聞きとりいい放送とはいえなかったが、わたしには、あらかじめ期待していたことだから、その意味がよくわかった。降伏は確実だった。

何よりもまず、ほっとした。それまでは、敵軍に上陸されて逃げまわり、どこかの山中でのたれ死にするだろう、と心ひそかにあきらめてはいたが、これでどうやら命だけは助かったと思った。これからは、毎晩ゲートルをはずしてぐっすり眠られるのが、ありがたかった。そのうちには、コーヒーものめるかな、というはかない望みも、腹の隅っこにわいてきた。

実は、わたし自身の命も、限界に近づいていたようだ。からだが、すっかり衰弱しきっていた。毎日下痢がとまらなかった。家を焼かれて泊りこんでいた大学の三階の研究室へ上る階段では、いちいち手すりにつかまらなくてはならなかった。全身が骨と皮ばかりになっていた。家族の疎開先を訪ねるたびに、能の俊寛僧都そっくりだといわれた。

それが終戦とともに、徐々に立ち直ってきた。下痢もどうやらとまった。健康を回復するにつれて、おもむろに世の中を見わたす余裕も出てきた。

＊　＊　＊

その頃は、戦争に勝つとは思わなかったが、どういう形でけりがつくかについて、まったく見通しがつかなかった。戦争どころか、その日その日の糧を手に入れるのが、せいいっぱいだった。ほかに、ゆとりは、なかった。われながらお恥ずかしい動物生活だった。歴史上千載一遇の機会にめぐりあわせたという自覚は、あまりなかった。すべてが、夢のように、過ぎ去っていった。

一年ほど前に、芦田均さんがわたしの泊っていた大学に見えて、「この戦争は負けだから」という前提で、敗戦の手続について話し合いたいといわれたことがある。当時かれほど情報にめぐまれておらず、したがってまた、かれのような先見の明をもたなかったわたしとしては、そういう話がもし憲兵にでももれたら、というような心配もあったし（近くの原彪君が憲兵隊へ呼ばれた例もある）、それにまもなく空襲で逃げまわるような身になったせいもあったので、芦田さんには、後で連絡すると約束したまま、とうとうすっぽかしてしまった。何ともだらしのないはなしだった。

正直なところ、そのときは、わたしとしては、終戦の手続を話し合うよりは、せめて肉の一片でも欲しかったのである。虚脱感というか、あるいは戦争ボケというか、とにかく頭が正常な状態になかった。その瞬間に疎開中の家族のだれかがバクダンで急死したと仮定しても、わたしは、少しもとりみださず、案外平然（?）としていたのではないかという気がする。現在のことばでいうならば、かなり「恍惚の人」になっていたようである。

＊　＊　＊

終戦とともに、わたしもいろいろな活動に巻きこまれることになった。

政府の憲法問題調査会（松本委員会）に入って、憲法改正問題に干与することになった。これには、美濃部先生をはじめ、多くの学者たちも参加したが、改正の大筋がはっきりしていなかったので、その態度も消極的だった。わたしはまた、東大に設けられた憲法改正委員会の委員長もやらされたが、なにぶんにも占領時代のこととて、万事につけて手さぐり的な態度が支配的であり、思いきった決心は、つきかねていた。

そこへマッカーサー草案があらわれた。そして、良かれ悪しかれ、ＧＨＱの憲法改正の大方針がきまった。むろん、マッカーサー草案は、はじめから、それとして公にされはしなかった。外部に発表されたものは、どこまでも、日本の内閣が、ＧＨＱの協力を得て、作ったものとされていた。しかし、その根本原理は、すでに確定的であり、日本の内閣や議会の意志でそれを動かすことは、もはやできなかった。

ここで、いわゆる「国体」が否定されたことが注目される。前年のポツダム宣言受諾の詔書の中で、その護持があのように明示的に約束された「国体」が、否定された。重苦しい「国体」の圧力から、まだじゅうぶんに脱けきっていなかったわたしたちは、びっくりした。そして、びっくりすると同時に、よろこんだ。泣く子もだまらせられたあの「国体」は、これからは、毎年各地で行なわれる国民体育大会に変わってしまうのである。

いま「国体」がほろびたので、びっくりすると同時によろこんだといった。ここに戦後の日本国憲法に対する根本的な意見の対立が由来する。びっくりしながらも、忍びがたきを忍んでこれをのんだ——「今に見ていろ！」——人たちと、びっくりしつつも、よろこんでこれをのんだ人たちとがあった。前者は、日本国憲法をいつの日か改正していわゆる「自主憲法」を作ることを志ざす人たちであり、後者は、せっかくの憲法をどこまでも守りぬこうとする人たちである。この対立が憲法改正論と反対論との対立として、今日に残っている。

＊　＊　＊

マッカーサー草案に先だって、各政党がそれぞれ憲法草案を発表した。その中で、共産党のそれをのぞいては、いずれも、「国体」を真正面から否定したものはなかった。どんなことがあっても、「国体」を否定してはならない、という圧力が、当時はまだそれほどまでに、国民の上に重くのしかかっていたのである。その圧力をとりのぞいたのが、マッカーサー草案であった。

マッカーサー草案の圧力は、すなわち、占領軍の圧力であった。「国体」の圧力が占領軍の圧力によってとりのぞかれたのである。これについては、保守党方面には非常な抵抗があった。しかし、それまでの「国体」の圧力の影に潜在的に存在した国民大衆の圧力が、新しい圧力として、戦後、時が経つとともに、生きかえったことを忘れてはならない。

この時点において、「国体」の重圧をおさえつけることが現実に可能であったのは、それがＧＨＱの圧力によって推進されたからであることは、たしかである。あの時にＧＨＱがいなかったと仮定すれば、結論は、おそらく、当時の日本の政府筋の考えとあまり違わない憲法――「国体」を伴う憲法――が実現されたに相違ない。ということは、「国体」をずばり否認することは、実際の問題としては、ＧＨＱの存在と圧力があってはじめて可能であった、ということである。この事実は、それがいかに不愉快な事実であろうとも、これを承認しなくてはならない。

ただ「国体」の廃止という明治維新以来の大変革がＧＨＱの力によって成就したとしても、それが国民の大多数のあいだで、憲法の新しい原理として、不動の地位を占めるのに、あまり時間はかからなかった。そこにはすでに民主的な地盤がじゅうぶんにでき上っていたのである。「国体」のその後の運命を見れば、そのことはよく分る。

＊　＊　＊

明治憲法の下での生活と日本国憲法の下でのそれとをくらべて、どちらがより望ましいかは、人によって意見が違う。たとえば、明治憲法の下で特権を受けていた人たちと、そうでない人たちとでは、明白に答えが違うだろう。わたし個人としては、ためらうことなく、現在の憲法に軍配をあげる。おそらくこの点で、「むかしはよかった」と本気で考える人は、数にしても、ごくわずかだろうとおもう。

日本国憲法が保障する「自由のもたらす恵沢」を望ましく思う人は、結局は、それをもたらした戦争と降伏とに感謝することになるだろう。戦争と降伏がなかったと仮定してみると、実際問題として、「国体」ひとつをとってみても、少なくともあの時点における改革――「国体」の否認――は、不可能だったと思われるからである。さらに、基本的人権、ことに生存権や労働基本権などを現在のような形で実現することも、おそらくは不可能だったに違いない。こう考えてみると、今われわれが享受している数々の福祉は、すべて戦争と降伏とのおかげだということにならざるを得ない。もっとも数々の福祉といったが、これらを望ましいと考えない人はもちろん別である。

しかし、それにしても、高いねだんだった。数百万という人間の命を、徴集令状一本で集めて、これを片っぱしから気前よく消費したものである。そのくせ、その指導者たちの中には、戦陣訓の教えに反して、戦後もぬくぬくと生きながらえている者もある。

それの責任はだれが負うべきものか、は別の問題として、憲法にいう「自由のもたらす恵沢」については、結局において、わたしたちは、戦争と降伏とに感謝しなくてはならないのかもしれない。

毎年八月一五日が来るたびに、こんなことを考える。

〔みやざわ・としよし　東京大学名誉教授。一八九九年―一九七六年〕

安堵と不安の長い一日

峯村光郎

三一年前の八月一五日、終戦の詔勅をラジオ放送で聞いたのは、東急沿線の郊外の松林の丘に建つ書庫の中であった。昭和一八年の三月頃から、二人の子供の学校（慶応幼稚舎と聖心女学院初等科）が学童の地方疎開を企画しはじめたので、率先して協力することとし、妻と子供を信州に疎開させて、当時わたくしは、それまで住んでいた自由ヶ丘の家を引き払って、人里離れた書庫の中で独り自炊生活をしていた。一五日の正午には重大なラジオ放送があるというので、いよいよ来るところまで来たかという不安な予感で待っていた。そこへ測らずも若い友人の内山（正態）君（法学部助手だった）が、正午のラジオ放送を一緒に聞こうといって訪ねてきたので、二人で終戦の詔勅を聞きおわって、二人の間には沈黙が続いたが、長い暗いトンネルから出たような気がしてホッとしたが、同時に、いいようのない一種の不安の念にかられた。内山君は直ぐ東京へ出て市中の状況をみてまわろうかといったが、それより今後のことを二人で話し合うことにしようということになった。その日二人で話し合ったことについて詳しくは記憶していないが、日本軍の無条件降伏といっても、「ポツダム宣言」の条項にある領土の保全

（八項）、兵士の帰国（九項）、日本民族の独立（一〇項）、日本経済・産業の維持（一一項）、日本の独立（一二項）などは最小限度保障される筈だというようなこと、内山君の専攻である国際政治の今後の変化についての予想、それに二人に共通な戦死した弟のことなどであった。ともかく終戦によって、精神的にはこれまでの重苦しい感の毎日からは解放されたものの、降伏後に予想される経済的窮乏に対する不安感におののきながらも、悪夢のように過ぎた日々を回想して、ともかくも命長らえたという実感にひたった長い一日だった。これまで勤労動員に半病人で大学に残された学生を引率して出動した名古屋の軍需工場では連夜の空襲で住んでいた工場付属の寮が壊滅しながら命拾いをしたし、訪ねる人もない山荘の生活も真昼の艦載機の銃撃でおびやかされたことが再三あったので、生きのびて疎開した妻子と再び生活を共にすることができるという保障のない不安と隣り合せの毎日だった。

終戦の翌日から始めたことは、何よりもまず疎開先から家族を連れ戻して一家の生活を復旧することであった。しかしそれは尋常一様の苦労ではなかった。長野駅を午前一〇時頃発車した満員列車に親子で乗り込んだものの、赤羽駅に到着したのは翌日の午前二時すぎで、赤羽駅長の許可をえて池袋行の電車の中で一夜を明かし、朝の六時頃池袋へ着いたような次第である。それでも二年半振りで、わが家の生活は旧に復したわけで、家族の一人一人にとって、この上もないうれしいことであった。しかし耐乏生活はこれからであった。

＊　＊　＊

戦時中は、歩兵第二補充兵の兵役にあったので、召集の赤紙に戦々恐々おびえながらの日常の中で、わたくしの研究はもっぱら経済法が中心であった。昭和一二年刊行の「戦時国家の経済法」(千倉書房)にはじまり、昭和一五年の「法と統制経済」(東洋書館)、同一六年の「統制経済法」(慶応出版社)、「経済法」(ダイヤモンド社)、同一七年の「日本経済法の諸問題」(厚生閣)、同一八年の「経済法の基礎理論」(東洋書館)にいたる一連の拙著にみられるとおりである。わが国における経済法の進展は、昭和六年の「重要産業統制法」にはじまり、昭和一二年の一連の臨時経済統制立法によって一段と飛躍し、同一四年第二次世界大戦の勃発を契機として国家総動員法の全面的発動によって拡大し、同一六年太平洋戦争への突入によって戦時経済立法は最終段階を劃した。国家総動員体制下における戦時経済法の目的は、国家総力をあげて戦争目的へ結集させることにあったことはもちろんである。しかし敗戦による戦争の終結によって戦時経済法令は一挙に廃止されるべきであろうか。戦時経済の平時経済への復員は、いかなる方法と手段とによるべきであるか。これが終戦とともに始ったわたくしの経済法研究の課題の一つであった。第二の研究課題は、戦時中における労働立法の後退は、戦時労務統制法による社会総労働力の極度の磨滅を招来したが、社会総労働力の保全培養と労働力の担い手である労働者の人間に値する処遇(労働人格の保護)を中心とする労働法研究を推進することであった。第三の課題は、「自然法と法実証主義の彼方」（カール・ラレンツ）という標語をかかげたナチスの民族主義的法理論の強い影響のもとにあった戦時中の日本法思潮に対して、どのように対処して研究を進めるかということであった。

昭和五年三月大学を卒業して母校法学部の助手として研究生活に入ったが、翌六年に満州事変が勃発し、それが北支事変、次に上海事変となり、やがて日華事変に拡大し、遂に太平洋戦争となって昭和二〇年敗戦により終結するまでの一五年間にわたる準戦時体制から戦時体制への時代は、学問研究にとっては最悪の時代であった。そのような情勢のもとで二十歳台の後半から三十歳台の末年まで、研究者として一番大事な年代を送らなければならなかったことは、文字通り大きなロスであり、ハンディキャップであったことは疑ない。しかし戦死した弟をはじめ知人・友人・学徒兵たちのことを考えれば、生き長らえて研究を続けることができたことは、何といっても仕合せなことであり、それだけに責任の重大さを肝銘しないわけにはいかなかった。

＊　＊　＊

新憲法によって始った自由で平和な日本の新発足は、過去に長い暗い谷間をたどってきただけに希望と歓喜にかがやいていたが、現実はきびしい連合国軍による占領下であった。連合国最高司令部の管理下における経済立法は、すべて司令部の対日経済管理の基本原則である「経済の非軍事化」、「平和的経済の再建」および「経済の民主化」の線に沿って展開されたが、当初は戦後の混乱収拾のための緊急経済法令についての措置が当をえなかった。そのため深刻化するインフレーションと物資の生産不振（縮小再生産）とが相まって国民生活を窮乏の底に転落させた。占領軍の管理下における財閥の解体、戦時利得の没収、農地制度の改革、労働組合の公認などが次々に実現され、財閥解体関係法、私的独占禁止法、過度経済力集中排除法、農地調整改正法、労働組合法、労働関係調整法および労働基準法などが矢次ぎ早に制定施行された。このような状況のうちに始められた戦後経済法の研究の手始めは、昭和二三年の「戦後経済法の基調は何を教えるか」、「戦後社会立法の概観」（法律文化三巻一〇・一一・一二合併号）、「経済法における変革」（社会主義講座八巻）および「経済法の基本問題」（東洋書館）などであった。

また終戦直後における連合国司令部による治安維持法、治安警察法その他の政治犯に対する刑罰法令の廃止、労働運動指導者の解放、特高警察の廃止、労働行政からの警察の閉め出しなどに加えて労働三法の制定は、労働運動を飛躍的に発展させると同時に労働法研究を促進させた。この分野では昭和二三年の「法的主体からみた労働法」（法学研究二一巻九号）、同二五年の「労働法講話」などは、わたくしの手始めの仕事の一部であった。

終戦後におけるわたくしの法哲学研究は、昭和二二年の「法の本質―法の人間学的研究序説―」（法学研究二〇巻一号、復刊一号）にみられるように哲学的人間学の立場からする法哲学研究に始った。すでに昭和九年の「民族と法律」（中央公論七月号）や昭和一一年の「ナチス・ドイツの法律観」（法学会誌一三号）で、ナチスの民族主義的法理論に対して排撃的批判を繰り返してきたわたくしとしては、戦後の西ドイツ法哲学界における「自然法の回帰」ないし「自然法の再生」とよばれた傾向に関心をもちながらも、自らの法哲学の立場は、生命と健康の積極的価値および苦悩と死の否定的価値の承認、自由と平等の積極的価値および強制と従属の否定的価値の承認を中心とする哲学的人間学にもとめたわけである。
法哲学と社会法（経済法・労働法）を専攻したわたくし自身の立場や学問にとって終戦の影響があったかどうかと問われれば、イエス・アンド・ノーと答えるよりほかないであろう。昭和五年に大学助手として研究を始めたときから、法哲学と社会法を専攻することにして、その頃、同僚から日本には経済法も労働法も存在しないではないかと、からかわれながら、そのうち実定法として制定施行される日が来ると信じて外国の文献を読んでいたからである。

国際的には平和を、人間的には正義を希求しながら、これに対する内外からの挑戦に対して応戦するところに人間の自己形成があり、そこに歴史がある。ともかく毎年めぐり来る八月一五日をむかえるにつけ、過去に共通の苦悩をもつものの一人として、将来に共通の計画を見出して、その実現のため一人でも多くの人びとと協力したいと願うこと切である。

〔みねむら・てるお　慶大名誉教授・国学院大学教授。一九〇六年―一九七八年〕

神州から人間の国へ

浅井清信

神州という言葉がある。「終戦ノ詔書」の中にも「確ク神州ノ不滅ヲ信シ云云」という語が見出される。かつて、日本の国をこのように呼んでいた。また、「現人神」(あらひとかみ)または「現つ神」(あきつかみ)という言葉がある。現身を具えた神、生き神様のことをいうのであって、戦前に、天皇をこのように呼称していた。戦前の教育は神州日本の「現人神」天皇の言葉である「教育勅語」を基本としてきた。かえりみれば、こんな教育は全く架空な神話教育ともいうべきものであったが、科学的立場からこれにすこしでも逆らって、批判でも加えるならば、恐るべき治安維持法が発動され、厳罰に処せられた。架空な神話教育であったにしても、これによって、無垢純白な子供心に深刻に植えつけられた神州日本の現人神の意識は、よういに揺がぬ磐石に支えられていたかの如く、ながいあいだ、強固に絶対多数の日本人の頭脳の中に生きつづけてきたのである。

ところが昭和二〇年八月一五日になっても、信じつづけてきた神風は一度も吹いてこなかったどころか、神州日本は焦土と化し、直接に艦砲射撃までもうけ、神風の本拠たるべき神宮まで爆破され、人類史上最初のしかも未曾有の残虐な原爆の災禍をさえこおむった。こうした冷厳たる歴史的事実は、この八月一五日を期して、もはや日本を神州ではなく、ただの、ふつうの国となし、天皇を「現人神」ではなく、国民と同じ人間とならざるをえなくさせた。のちに、昭和二一年元旦に、「新日本建設に関する詔書」の中で、天皇は「人間宣言」をしている。こういう意味で、私は昭和二〇年八月一五日は日本を「神州から人間の国へ」、「空想の国から科学の国へ」転換させた、まことに意義ある・記念すべき日と考うべきだと思う。

昭和二〇年八月一五日、この頃私は、宇治の軍火薬庫で立命館大学専門部の動員学徒一〇〇名ばかりとともに働いていた。学生たちは日本レーヨンの宇治の寄宿舎で寝泊りし、私は毎日下鴨の自宅から通勤していた。午前中二時間ばかり黄壁山万福寺で法学の講義をし、そのあと火薬庫で働く、こうした日が続いていた。働くといっても、火薬は宇治にはほとんどなく、岡山に疎開されていたから、火薬にかんれんする仕事は全然なかったので、何の目的もなく、ただまんぜんと、土掘り作業に従事していた。敵はよく知っていて、幸いにして、宇治には一発の爆弾も落とさなかったが、岡山の火薬庫は完全に爆破されたとのことである。こうした中で八月一五日を迎えた。

たしか、その日の午前一一時ごろだったと思うが、軍当局の命令で宇治の火薬庫のラジオの前に二列横隊に集められ、「終戦ノ詔書」なるものを、直接、天皇の口から聞かされた。居合せた学生たちは何のことかさっぱり分らない、とつぶやいていたが、戦争はもう終ったんだといい聞かされて、みんなとびあがるように、大喜びした。あとから「終戦ノ詔書」なるものを読んでみると「茲ニ忠良ナル爾臣民ニ告ク」にはじまり、「抑々帝国臣民ノ康寧ヲ図リ万邦共栄ノ樂ヲ偕ニスルハ皇祖皇宗ノ遺範ニシテ云云」の調子で書かれているので、学生たちにぜんぜん分らなかったのも無理がないと思った。

戦争中、私は、立命館大学という私立大学の一介の教授をしていて、全くの一市民として、隣組をとおして、配給をうけ、隣組の人たちと一緒に車をひっぱって、山へ薪をとりにいき、時々、尾張の田舎の兄弟姉妹の家へメリケン粉の買出しにいったりして、ようやく生命をつないできた。そのために、体重が七〇キロ以上あったのが、終戦当時五〇キロぐらいにまで減ってしまっていた。台湾から引揚げてきた西村信雄教授に会ったとき、あまりに痩せていたのに驚き、別人かと思った、といわれたほどである。

戦争中は、もともと労働法の研究を志していた私にとっては、民法への逃避時代であり、研究空白時代であった。八月一五日はいわばこうした空白時代の延長線上の一日であって、正直いって、この終戦という名の敗戦の日に、いまここで特記するほどのなんの感激をもうけることなく、また、何の決意をもしたわけではない。ただもうこれからは、空襲もなくなれば、燈火管制もなくなる、とおもって、ほっとする思いがしたくらいのことである。

しかし、それから、アメリカ軍が進駐し、植物園が進駐軍の住宅と化し、近くの大きな邸宅にアメリカ兵が住みつきはじめると、いたましい敗戦のきびしい事実がそれからそれと継起してきた。日常生活物質は依然として欠乏し、ものすごいインフレで、毎日毎日物価は上り、やみ市は大繁昌していた。女子供はアメリカ兵に追従し、チョコレートを施しもらってはよろこんでいた。広島と長崎とをおそった原爆の悲惨な状況もなまなましく報道されだした。戦犯裁判がはじまり、戦争犯罪人は処刑され、戦時中の指導者の追放が実行され、平和憲法が制定実施されるに及んで、日本にはじめて、平和と民主主義が闊歩しだした思いがした。私はこうした戦後の、全く生れかわったように感ぜられた日本の新しい流れに、きわめて自然に順応させられた。なかには、こうした新しい流れに乗りおくれては、とことさらに、こうした流れに飛びこんできたかと思われるような人もいたことは確かである。しかし、こうした人たちは、その後再び日本が逆行しだした段階になると、完全に豹変・脱落している。想うに、私が戦後の日本の、平和と民主主義の新しい流れにきわめて自然に順応させられえたのは、やはり、戦争中一市民としてかろうじて生きながらえてきたこと、すなわち、たった一匙の砂糖、一杯の酒、一匹のいわし、一箇のさつまいも、一本の煙草等々にこの上もないよろこびを感じた、その体験のためであろうと思う。こうした戦後の新しい流れの中できわめて深刻な反省を迫られた。

昭和六年の満州事変をきっかけに、日本はファシズムへ急転回した。昭和八年には滝川事件という大学自治を抹殺する大事件が起きた。こういった時期に私は当の京都大学の法学部で労働法の研究にいそしんでいたが、このころ、どうして私はもっと徹底的に反ファシズムの科学的研究と実践にたずさわらなかったであろうか、自ら深刻に反省することを迫られた。それとともに、今後、平和と民主主義のための法学研究と実践を貫徹する決意が、おのずからますます鞏固に形成されてきた。このことの重要性を自覚さすような事実が平和憲法実施後まもなく起ってきた。それはアメリカの反共占領政策の強化である。昭和二三年七月三一日には政令二〇一号が公布され、官公労働者のストが全面的に禁止され、昭和二五年六月には共産党中央委員二四名が追放され、共産党は事実上非合法化された。同じ年のその頃、朝鮮戦争が勃発し、これを機にアカハタの停刊指令が発せられ、ＮＨＫや新聞社における共産主義者およびその同調者の一方的首切り（レッド・パージ）がはじまり、これは全企業にひろがっていった。追放された労働者は二万人を越えている。

昭和二七年には日米単独講和条約と結びついて、安保条約が締結され、安保体制が整えられだし、同じ年に、かつての治安維持法にも比擬さるべき破防法が制定された。

こうなってくると、平和主義と民主主義に徹する日本国憲法が、かえって、時の政治の桎梏となるので、日本国民に自主的な憲法を、とのうたい文句で、昭和二八年ごろから憲法改正の名のもとに、改悪の動きが保守政党の中からうごめきはじめ、昭和三〇年七月二日に「自主憲法期成議員同盟」創立総会が開かれ、平和憲法破壊期成の声明がなされている。

昭和三五年五月一九日、改定阻止国民会議の反対とデモのさ中に新安保条約が強行採決された。これによって安保体制が強化され、再び日本は反動的・軍国主義的方向へ急旋回しはじめ、アメリカの前進基地化され、ベトナム侵略戦争に手を貸すよう義務づけられた。

こうした日本の政治状況の逆行化は必然的に、「現つ神」天皇制の復活政策を招来する。戦後、ずっと、メーデーの集会を皇居前広場で開催してきたのを、昭和二五年のメーデーから、厚生大臣は皇居前広場の使用を禁止する措置をとった。当時、皇居前広場を「人民広場」と称して、日本国民のための広場という意識が定着しはじめていた矢先に、使用禁止の措置がとられた。おそらく、それは天皇の神格化に欠くことのできない荘厳さをそこなわせないように、との底意にでているとしか思えない。政府・自民党があくまでも立法化しようと意図する靖国神社法案も天皇の神格化と無縁なものではない。

三一年前に、「神州から人間の国へ」、「空想の国から科学の国へ」と日本を転換せしめた記念すべき日であるべき八月一五日がまた今年もめぐってくる。日本の戦後のさまざまな状況が再び戦前のそれに逆行しはじめ、これがしだいに強まってくるに応じ、八月一五日を契機に私が迫られた反省および平和と民主主義に徹する学問研究とその実践の決意がもつ重要性がますます高まってくることを痛感する。ことに今年は、国独資の矛盾が必然的に生みだしたと思われる・ロッキード疑獄事件の断罪がまさに行なわれようとするときに、八月一五月がめぐってこようとする。何とはなしに、当時の反省と決意の真偽が問われているような気がする。戦時中、ともに並んで一箇の煙草を買った、とても煙草好きのいまは亡き友を偲び、若くして戦地で病死した・書物と学問をこよなく愛した後輩の法史学者を想うとき、古稀をすぎてなおすこやかに書を読み酒盃を交す自らを幸なり、と感ずるとともに、命あるかぎり、かの反省と決意をいよいよかため、生かしていきたい、と思う。

〔あさい・きよのぶ　立命館大学名誉教授　龍谷大学教授。一九〇二年―一九九二年〕

まさしく再生の出発点

鈴木安蔵

八月十五日には、私は西部軍報道部の一員として福岡におり、その十九日には軍の解散とともに支給の毛布を背負って満員の無蓋車につめこまれ帰京の途についたのであり、途中汽車は何度か動かなくなって、京都駅ではプラットホームにごろ寝をし、それでも無事に自宅にたどりついた。家族は早くから郷里に疎開していたが、家は焼けずに、書斎も無事であった。鍵をあけて入ってみると人のいなかった空家には鼠が右往左往していたが、生きてかえってきたという気持は強烈であった。途中広島の駅では最初の汽車が動かなくなって放り出されたプラットホームに立ったとき、見わたすかぎりの焼野原にショックをうけたことなど、三十一年をへた今日でも鮮烈な記憶として残っている。

しかしこれについては、これまでも書いたことがあり、ここでは多少ちがった思い出をしるしたい。

日本の敗戦は必至であること、それももうすぐであるとの確信でその日を期していたという人々の思い出を、敗戦後いく度となく読んだ。私も日本が勝てるとは考えもしなかったけれども、そうした見通しをはっきりともつことはなかった。これは今日から考えると、戦争中の思索なり生活なりが、およそそうした当然の判断をだすべき理論とも知友との往復とも離れていたことを示すものだったとおもう。私は軍隊で死ぬ気であった——というよりは、生きて帰れないという気持ちであった。すでに日に日に烈しくなるB29の空襲に東京のあちらこちらが襲われ、焼け落ちる家々を眼のあたりに見て、わが家もそのうち襲われ、生命を奪われるのも時間の問題だという気がしていたのである。だから敗戦と知った瞬間には、躍り上らんばかりの歓喜に——それを公然とは表現できなかったが——もう一度生きて家族に会える、書斎に帰れるというよろこびに、軍隊からの解除の日を待った。この時からの日々は、ないはずの生命が残ったのだという感じがしたこともある。早いもので、思いもかけず三十一年を閲(けみ)した。

＊

ここにかかげた写真は、敗戦直後ではないが、そう遠くはない頃の私の家の附近でのスナップである。駒沢練兵場につらなる野砲連隊の跡である。この傾きかけた兵舎には、引揚者、帰還兵たちが次々に詰めこまれ、今日では想像もできない惨憺たるドヤ街のような生活地帯となった。それでも幼ない生命はすくすくと成長した。母親のモンペを直したような姿、瓦礫の塀際で子供たちが元気に遊んでいた。私の子供たちも、当時はこんな風であった。やがてこの兵舎跡の住宅が、翌年の食糧メーデーに先立つ五月十二日の米よこせ大会の発火点となった。世田谷から押し出した集団が最もはげしく動いて坂下川を突破して宮内省の台所の公開を叫んだというふうなニュースに、友人が「鈴木君もデモに入ってたのかね」と聞いてきたような情況が、ともかくも、この一帯の生活環境を示していたとおもう。

敗戦後の――今日から振りかえってみてのことだが――まだるこさは、私たち国民の迷い、混乱を打開する主体的な勢力の未結集であった。もちろん生き残り、社会にあって自由に動ける人々は、それぞれ再結集し、あるいは文化人連盟、自由懇話会その他の活動ははじまった。だが十月半ばまでは指導的な治安維持法関係者の解放はなく、社会民主主義者の多くは、それぞれの因縁、傷痕を残して、ただちに活発な再出発はなしえなかった。

高野岩三郎博士のすぐれた見識については、これも幾度かしるしたが、いち早く、日本の再建に必至な新しい憲法制定運動をはじめるべきだと語られ、当時他に憲法問題に取りくむ者の見当らないとき――私たちの上述の諸団体の中には――私は、当然に廃止さるべき明治憲法に代る新しい憲法起草、憲法制定会議の運動をはじめることにした。

十月、十一月とへて、社会党、ついで共産党が再発足するが、両者を中心とする統一戦線の結成は容易にできなかった。私たちの憲法研究会は、憲法草案の起草をすすめ、可能なかぎり諸団体、学者、思想家たちに働きかけたが、国民自身の手による憲法制定会議の開催を実現すべき主体的勢力は、その結集の動きこそ、翌年野坂参三氏の帰国などを契機として活発になったとはいえ、ようやく四月に入って労働者大衆を動員した大会が開かれ、首相官邸へのデモ、MPによる弾圧などの展開に終って、ヨーロッパにおけるような人民戦線政権の樹立は達成されなかった。

はげしいインフレ、極度の食糧、住宅の欠乏、労働者大衆のはげしい立ち上り、ストライキの波は、「憲法よりはメシを」というような段階にとどまった。

＊

民主主義科学者協会の最初の会合であったかとおもうが、上野の会場で、学界の戦犯追放が叫ばれていた。私は、少しおくれて入場した。そのリストの何人かの名を見て、傍にいた石母田正君に、「こうした人々は確かに過ちを犯したが、しかし本質的には自由主義者といえる。これらの人々を糾弾するなら、私自身、また誰君、誰君など、すべて糾弾されねばならないなあ」といった。石母田君は「一人でも反対があれば取り消すことになっているから、それじゃそれらの人々の名は取りましょう」といったことを思い出す。あとになって先輩の一人が「鈴木などが僕をも過ちを犯したといったそうだが困るよ。戦争中の苦しい生活の実情は、君もよく知っているじゃないか」と私に「抗議」したものである。この先輩たちは、戦争中の言動の反省として、その後、学問的にも、また民主主義、平和主義の運動でも、最も活動的な実践をつづけてきている。そういう形で、みずからの償いをしているわけである。

私自身、憲法運動に献身することを通じて、みずからかつて心に誓った憲法・政治の理論的研究の課題をようやく正しい方法論で追求することに生活を投入することとなった。民主主義科学者協会の政治部会が設けられ、上杉重二郎君などが熱心に協力したが、やがて私が静岡大学に赴任したころには、この方は消滅し、法律部会のみが今日まで成長してきた。

政治部会では、志賀義雄氏の「国家論」が出たとき——いうまでもなく志賀さんは、当時共産党の最も中心的な理論家、国会議員にも出ていた——その批評の会合をもち、私が報告した。志賀さんがかけつけてきて討論に加わったものである。また東ヨーロッパにはじめて人民共和国が続出し、人民民主主義が大きい理論的関心をもたれたとき、真先きに、これを本格的に取りあげたのも、この民科の政治部会であった。のちに私が計画した政治学研究叢書は、この延長線の産物といってよいが、政治部会がつづかなかったのは惜しい。

写真にうつった野砲連隊のあとは、隣接の練兵場とともに、やがて、住宅地になり、軍隊の消滅を如実に示す「平和国家」的姿となったのをよろこんだものだったが、いつの間にか、自衛隊中央病院、公務員住宅などがデンと出来上り、一般庶民の苦しい住宅難とは、多少そぐわない再生のような気もしたものである。

八月十五日は、私にとってまさしく再生の出発点であった。それ以後何ほどか正しい方法論、路線に立って、かつて目指した憲法学、政治学の体系的な検討にあたってきたわけだが、その課題は、まだまだはたしえない。学生時代からの多くの友人たちそれぞれに、ことなった運命が見舞った。つい昨日のようにおもっていた様々な出来事についても、生き残った者としての時代の「証言」をとどめる仕事もはたしておきたいとおもう。

〔すずき・やすぞう　静岡大学名誉教授。一九〇四年―一九八三年〕

敗戦直後の司法修習

村松俊夫

昭和二〇年二月に二度目の東京控訴院判事に補せられていたから、昭和二〇年八月一五日の終戦の時はその職にあった。その一日か二日前に終戦の宣言がなされるという話を夙聞していたが、八月一五日の正午に役所でラジオでその宣言を聞いたときには、戦争がいよいよ終わったというほっとした感が一番強かった。その晩私は裁判所に宿直していたところ、夜一一時頃に町の警備団の人が裁判所に入ってきて既に床に入っていた私に酒の勢いで悲憤慷慨(こうがい)していたが、私が余り相手にしなかったので殴りかかってきた。書記の人がなんとかなだめて連れ出してくれたが、勝つ勝つと言われて引っぱられて来た人の気持を考えるとむりもないと思った。私としては、戦争中の希望もない暗い気持が晴れて、占領とか、これからどうなるかは別として、ともかくほっとした気持であった。戦争が始まってからは、ただ勝った勝ったということを聞いていた最初の頃は東京民事地方裁判所の判事で、同僚の裁判官が召集されると集まって歓送式を行なっていた。昭和一九年春初めてアメリカの飛行機が東京の空に飛んできた時には、現在の東京地裁民事部の屋上に上って高く飛んでいく飛行機を見ていたが、全く怖いという感をもたなかった。空襲が激しくなってきて、各都市が焼かれて食物にも不自由になってくるにつれて、民事事件の新件はぐんぐん減少していった。法廷を開いても欠席する当事者が多くなり、証人等も出頭する者が少なかった。東京なども空襲で所々が焼けたり、国鉄、私鉄、市電もそのため部分的に不通になっていたので、私たち等もゲードルをつけて役所に行っても、歩かなくてはならないことが相当あったから、当事者双方と証人が出頭して証拠調べが行なわれるということが、だんだん少なくなっていった。建物収去土地明渡事件とか家屋明渡事件なども、新件がぐんぐん減っていったのはもちろん、貸金等の事件でも裁判は殆んど行なわれず、市民の多くの人は食べ物の心配とかその日その日の生活に一番心神をつかっていた。取引も統制され、疎開も始まったから、それまで多かった貸金事件とか家屋明渡事件などは非常に少なくなるし、係属事件も余り進行しなくなった。

昭和二〇年三月一〇日の東京大空襲で民事地方裁判所を除いて大審院以下の各裁判所と司法省、検察庁等が全部焼失した。民事地方裁判所は当時中野にあった東京高等学校（旧制で現在はないが、敷地等は東大教育学部付属高校が使っている）へ移転したが、またそこも空襲で焼けて記録なども焼失してしまった。それで小石川区大塚の小学校に移転した。中野でも事件のことで弁護士が来られたことはあったが、口頭弁論を開いたことはなかったように思うが、小石川に行ってからは記録もなかったので、口頭弁論を聞いて証拠調べをしたという記憶はない。中野にしても大塚でも世田谷区の隅にある自宅から通うのには全部電車に乗っても片道一時間余かかった。しかし往復ともに全部電車で行けるということはだんだん少なくなっていった。大塚には多少電車に乗れたとしても、裁判所に着くのは大体一一時頃であった。帰途も同じであり、電車に乗れないことが相当あるし、夜は夜で空襲でたびたび起こされるから、夕方までには自宅に帰るようにしていた。そうするためには、裁判所にいられる時間は一時間かせいぜい三時間位であった。その間も仕事らしい仕事もないから、所長に自宅にいて勉強していた方がいいのではないかと思うといったら、今みんなは役所に来ること自体が義務なのだと強く言われたことは忘れられない。自宅を焼失した裁判官に心から見舞を言ったときに、空襲で夜本その他のものを防空壕へ入れたり出したりすることがなくなったから、さっぱりしたと返事されたことも、今でも覚えている。

終戦後は刑事関係は小石川春日町の庁舎に移ったが、焼け残った民事地裁に司法省と大審院、控訴院と地・区裁判所が全部入り、民事事件の法廷を開くことがなかったから、裁判所に行っても焼けなかった手控えから記録の手がかりになるようなものを再生していたが、他に殆んど仕事はなく、勉強する人々は集まってドイツの本などを読んでいた。

間もなく応召から帰ってきた司法官試補と新たに採用された試補を指導するために、戦争中休止になっていた司法研究所の指導官に命ぜられ、板橋の旧陸軍被服処の一部で修習を始めた。不便なのと酷い建物であったので、半年位で高輪の毛利邸の一部を借りて引越した。その連中は高輪期とよばれて、今では裁判所でも検察庁でも重要な地位を占めているし、一部の人は弁護士になって活躍されている。戦争から帰ってくる時期は違っているし、朝鮮の試補も引取ったし、さらにまた昔の高文の司法科現在の司法試験も口述試験だけで採用された人も少数入っていた。司法試験に合格して、陸、海軍に応召して帰って来た連中には特に優秀な人が多かった。

＊　＊　＊

新憲法が施行され裁判所が行政部から完全に独立して別個になり、司法官試補という名称も現在の司法修習生と改められ、その養成を司法省と裁判所のいずれが掌るかについて争いがあったが、最高裁判所が所管することになった。私もその当時最高裁判所の設立と同時に裁判所に帰ったが、二二年五月現在の司法研修所の創立とともに再び司法研修所の教官を命ぜられ、昭和二七年東京高等裁判所に判事として帰るまで司法研修所教官を努めた。その後変わったが、当初の司法研修所は司法修習生ばかりではなく裁判所職員の研修もした。

＊　＊　＊

裁判官として法というものをいろいろの意味で、意識的にあるいは無意識的に考えさせられているが、戦争というものが、法とか裁判にどういう影響を与えるかということをつくづく体験させられた。激しい空襲下においては、少なくとも国民の民事の法生活は全く異常なものであった。平和に戻った後も占領下にあったので、例外的のものも少しはあったが、個々の国民同志の民事裁判については占領ということは殆んど影響はなかった。

しかし、戦中戦後は統制経済という公法的のものが私法の世界に強く入ってきて、判決の形式では処理することが困難なものを、和解で処理した事件は何件か記憶している。統制の強化で経済上の自由取引は著しく変型されていた。統制は刑事事件として多く現われたが、民事事件では間接ではあるが、統制下の社会とか生活というものが、いかにきゅうくつであり、落ちつかないものであることを痛感したが、その反面、法とか法的秩序というものに強い憧れを感じた。このことは、私自身の内面的な反省によるよりも、上記の終戦直後の司法官試補と司法修習生の勉強の態度によって痛感させられた。その多くの人等は、学校教育においても軍事教練に相当時間をとられ、日常生活においても勉強に専心できる時間はそう多くはなかったと思う。その人達が司法研修所とか司法研究所に入ってからの勉強ぶりに私は強く感じられた。修習の最初の頃は米その他の食糧の配給時代であった。闇物資は出廻っていたが職業上そうとういろいろの拘束を受けた。有名な山口判事がそのことが原因で亡くなられた時代である。試補や修習生も同じ悩みをもっておられた。上記のように板橋で最初の試補を集めて修習を開始して間もない頃であった。研修所までは自宅から現在なら一時間余で行けるが、その当時は、電車が少なく、時間通りには動いていなかったので、二時間近くかかるし、プラットホームで電車が来ないと、立って待っている元気がなく、皆がプラットホームに腰を下ろして待っていたような時代であった。地方から来た人のためには鷺宮（中野区）に寮があって入ってもらっていた。修習を始めて一週間位たった頃に代表者が来て、東京では修習ができないから自宅に帰らしてくれと言われた。役所の寮だから闇ができないから、配給の食料が少なく勉強ができるような状態ではないというのである。理由はもっともであるが、裁判所と検察庁の方では戦争中採用を全くしていなかったし、人が足りない状態で、努力して始めたばかりで解散させることもできないので、たしか月に一度位三、四日位続けて宅調（裁判所慣用語で自宅で執務すること）をつくるからなんとか工夫してくれないかと話したら、承知してくれたので予定通り修習を続けることができた。九州とか中国から来ていた人もいたのでずい分苦労したことと思った。自宅とか知人のところから食糧を都合して来て修習をしたのだが、中には自宅から米を減らして本をもって来た人もあると聞いて、その熱心さに感心した。

修習とか勉強というのは、たんに本を読むことだけでないことはもちろんだが、兵隊から帰ってきて知識欲に燃える若人のその当時の勉強ぶりとその真剣さに教えられること多く、私自身も戦争というものについて、自分が体験しなかったものを種々教えられた。

〔むらまつ・としお　前東京高裁判事　上智大学教授。一九〇二年―一九八七年〕

崩壊した大学の再建

田畑　忍

昭和二〇年八月一五日の終戦の大詔を私はラジオで直かに聞かなかった。が、其の天皇放送を、南山俊翰君（当時、民法専攻の助教授）が、かけ込んできて私に聞かせてくれた。ラジオをもたず、また家族が疎開していた殺風景だった我が家で、私はこの南山君と感無量の終戦を迎えた次第である。

その日の夜か、次の日だったかに、私は佐々木惣一先生をお訪ねした。戦時中憂愁に沈んでおられた先生が、「日本を毒していた軍閥がつぶされた。これで日本はよくなるよ……」と、喜色に溢れて断言されるのを聞いて、私も同じ確信を更に強め得た。また当時、末川博士が「原爆は神風だった」と言われたことばに戸惑ったことも忘れることができない。とにかく、威張っていた軍人がいなくなったことほど嬉しく愉快なことはなかった。それは、多くの国民の当時共通の心境であり、「ノー　モアー広島」という戦争忌避の感情だった。国民のこの平和感情を、やがて幣原喜重郎総理が、日本を大きく世界史に登場させた憲法九条に組織したのだが、「泰平ノ基ヲ開カン」という終戦大詔の一句も、またこの一句に感激した遠藤三郎元陸軍中将が平和運動の実践に踏みきる決意をしたのも、同じ平和感情からだったといえよう。

マッカーサー元帥を最高司令官とする連合国の占領が始まった九月の新学期になると、解体された軍隊から、瀧川春雄・熊谷開作君等の同僚とともに、のちに同僚になった加藤正男・岡本善八・小野哲・八木鉄男君等々の学生諸君が続々と帰学してきた。また東中光雄・高橋悠・山本浩三君等の諸君が新しく転学してきた。還らない戦争犠牲者も勿論すくなくなかったが無人の感のあった学園は、にわかに賑やかになった。しかし全日本の復員学生の多くがまるで虚脱状態にあった。その感情が間もなく大きく爆発した。すなわち「無能教授排斥運動」が、燎原の火の如くに全国に拡がったのである。

同志社大学でも、一〇名ばかりの教授が排斥の対象にされた。その一人であった黒川学長は、学長を直ちに辞任され、牧野学園総長が兼任すると、牧野学長もたちまち排斥されてしまった。そこで、若松専務理事が臨時学長事務取扱になって再建事務に当たった。その任務の一つは戦前軍国主義の犠牲になって、あるいは其の他の事情で、辞めていた教授復職交渉の事務であり、他は学長起用の事務であった。

若松氏はまず研究所長田村徳治教授を学長に推したが、田村博士固辞のため、学外の佐々木惣一博士に懇請した。だが、学問一筋に生きることのみを考えられていた佐々木先生を動かすことはできなかった。そのうちに、学生たちが私を擁立する運動を起こして、若松氏の排斥をやり始めた。そこで、若松氏と牧野総長は結局、私に白羽の矢を立てて学生に対応した。当の私は、まだ若く、研究に打ち込まねばならない時であり、戦中にもつづけてきた明治政治思想史の研究に意欲を燃やしていた。出来れば雑務を避けたいと希った。佐々木先生に相談すると、逆に義務だからやるようにと激励されて、私は二一年四月から学長に就任することになってしまった。

治安維持法等諸悪法の撤廃・教育の自由化・軍国主義者等のパージ・婦人参政権の実施・憲法民主化の示唆等々、初期「マ」政権の見事な占領善政が進捗（しんちょく）していた背景の中で、若松学長は教授復職の問題も既に解決されていた。しかし問題の教授の全部に復職を要請するのではなく、また復職を交渉する教授についても、人によっては強くし、あるいは強くしないという若松方針であった。又京都在住を絶対の条件とした。その結果、能勢克男教授・中島重博士・高橋貞三教授・宗藤圭三教授・住谷悦治教授・恒藤武二君・文学部の高田武四郎君・今井仙一君・和田洋一君等々が数年の間に相前後して復帰した。しかし、林要教授・長谷部文雄教授・高橋信司君・具島兼三郎君・岡田良夫君等は遂に復帰されなかった。そこに複雑な問題が後に尾を引いて残ることになった。

若松氏は、しかし二つの任務をとにかく強引に遂行した。だが、学生の教授排斥運動は全く放任されていた。そのため、法学部で二名、文学部で一名の教授が既に辞めてしまっていた。そこで私は就任直前に、排斥運動のリーダーの諸君に会って、排斥をやめるように談じ込んだ。「諸君は無能教授云々というが、諸君は有能なのか」とまず反問した。すると彼らはたちまち混乱した。私はさらに「たとい諸君は有能でも、私は排斥は嫌いだ。排斥をつづけるなら、私の排斥もやってほしい。諸君が排斥運動をやめないかぎり、私は学長に就任しない」と言い切った。学生諸君は躊躇ののち中止を約束してくれた。しかしまだ安心できないので、排斥されていた教授の皆さんに対して、一年ないし二年の間、休講して研究に専念して下さるよう説得した。さらに私は思いきってもう一つ石を打った。すなわち、学長就任早々の入学式のさい、無処罰主義の新原則を、処罰を規定する旧原則を超えて宣言した。この宣言は、むかし新島襄校長が自らを鞭（むち）うった厳格主義教育を大きく発展させた鈴木達治校長の自由主義徹底の実践に倣（なら）ったものにすぎない。だが、これは、予期以上に学生諸君の自覚と責任感を昂揚することに役立った。そして新しい自由主義教育の伝統を形成する契機になった。

　戦後のすべての大学では、戦時中に崩壊した大学を再建することが学長最主要の仕事であった。私は、文学部長の園頼三博士と提携して、英文学の矢野峯人博士・社会学・国家論の小松堅太郎博士・経済学の中西仁三教授・経済史の松好貞夫君・政治史の岡本清一君等を順次迎え得た。また、佐々木惣一博士・恒藤恭博士・賀川豊彦氏等をお願いして客員教授になってもらった。それに次いで私は一日も早く研究室に帰りたい気持から、そして教授陣強化に役立てようということも考えて、後任学長の物色を開始した。まず元教授だった財政学の阿部賢一博士を第一の候補に考えた。また、東大の矢内原忠雄博士等に交渉したりなどしているうちに、亡命先きの米国から帰国した湯浅八郎博士が学園総長に就任されたので、二二年七月、私は一年数カ月のピンチヒッターの任務から退いて、研究室に半分帰ることができた。半分というのは、なお半年は法学部再建途中の学部長の職に留まることを余儀なくされたからである。ところで、その頃、京大の瀧川法学部長から、専任教授に来るようにという熱心な招聘を受けたのだが、母校に運命づけられている主観のために、私はその好意に応じるわけにいかなかった。

　とにかく、戦後の二年間ないし二年数ヵ月間は大変だった。戦時中に患（わずら）った脊椎カリエスのため、コルセットを嵌（は）めての執務・講義・出張という生活の連続だったためでもある。鉄道も旅館も、食料事情も、万事が不自由の頃で、リュックサックを背負って、途中彦根で一泊したり、静岡で一泊したりして、やっと東京に辿りついたものである。大学の講義も、二〇年の秋から行っていた関西学院大学のほかに、二一年からは京大講師を兼ねることになり、大阪商大にも出講するなどの多忙さだった。これらの大学では政治学、そして同志社では憲法と政治学の講義を担当した。学外では帝国憲法改正の政治作業が複雑に展開して、二一年一一月三日、日本国憲法の制定公布ということになって、いよいよ自由と平和の新憲法と新憲法学の時代である。私も当然に、勇躍して、新憲法の研究と、普及の仕事にも従事した。しかし、雑務に時間を奪われて思うように研究のできない焦りや、事務職を早く辞めたいという気持と終始闘っていた。また、この二年有半の三分の一の間は、家族がまだ疎開地に留っていたので、自炊生活の不自由さもつづいていた。

　このような間に、二一年度は『比較憲法的に見る日本民主主義』（時論一巻一号）と『自由の使徒・新島襄と福沢諭吉』の僅か二篇を発表しただけであった。二二年になって、『新憲法と民主主義』『憲法』『政治学の基本問題』『加藤弘之』等の単行本のほか、数篇の論文を出せるようになったが、三一年までは本来の研究生活にもどることは当然ながらできなかった。朝日新聞社・毎日新聞社主催の夏季大学講座や、方々の夏季大学講座等への出講などがずっとつづき、また京都市公安委員の仕事（二三―五年）や、第二回目の学長の職務（二七―九年）に煩わされることを避けえなかったからである。それでも、『憲法学の基本問題』等数冊の単行本を刊行することはできた。だが、二六年に上巻を公刊した『憲法学原論』の完結には三一年までかかってしまった。それのみならず、明治政治思想史の研究はまるで中断されてしまった。全く学進まざるてぃたらくであった。すべて、それは、「八月十五日」が私の研究生活にもたらした異変というほかはないようである。

〔たばた・しのぶ　同志社大学名誉教授。一九〇二年―一九九四年〕

生涯の重要な分岐点

安井　郁

昭和二十年八月十五日、東京大学の安田講堂で、私は先輩・同僚の諸教授とともに敗戦の詔勅を聞いた。

すでにそれ以前から有志の諸教授と戦争終結の問題を検討していたので、なんら衝撃はなかった。来るべきものが来た、という感じであった。今も鮮やかに印象に残っているのは、放送が終って教官食堂の山上会議所へ集まったとき、ある先輩教授の目に涙が溢れているのを見たことである。

私の目には涙はなかった。しかし、心中深く、八月十五日は、生活と学問の在り方をも含めて、わが生涯の重要な分岐点となるであろう、いや、そうならなければならない、と覚悟を決めていた。

＊　＊　＊

敗戦から十年が過ぎた昭和三十年八月六日、第一回原水爆禁止世界大会が広島で開かれたとき、私は

『民衆と平和――未来を創るもの』と題する本を世に送り、その第一部を「回想と展望」としたが、それは私の生活と学問における戦時と戦後とのつながりを明らかにしておくことが、社会に対する私の責任であると考えたからである。その本を読み返してみると、過去のさまざまのことが、ときには苦悩をともなって、心によみがえる。

私が東京大学の法学部を卒業して国際法学の研究を始めたのは昭和五年であり、その翌年には「満州事変」が勃発した。その後それが拡大して日中戦争から太平洋戦争へと展開していくなかで、重大な事態にどう対処するかは焦眉の急務として社会科学者である私の身にも迫ってきた。『民衆と平和』のなかに詳しく書いたように、あの戦争についての当時の私の理論的分析は、要約すれば次のようなものであった。

「日本のアジア政策は悲劇的な二重性をもっている。一面では、日本は帝国主義国としてアジアを侵略する。他面では、日本は欧米帝国主義の支配からアジアを解放する使命をになっている。われわれは日本のアジア政策をこの悲劇的な二重性から脱却せしめ、日本をして真のアジア解放者たらしめなければならない。」

この信念をもって、私は、理論的にも、また実践的にも、あらゆる努力をしたが、未熟な私のそのような努力があえなく挫折したことはいうまでもない。最後に考えた或る一つの非常手段が不発に終ったのち、私は実践から遠ざかり、思索に沈潜していった。

E・H・カーが戦後に書いた『新しい社会』のなかに、次のような一節がある。

「アジアの植民地革命を絶頂へ押し上げたのは、第二次世界戦争における日本の行動であった。アジアを白色人種から解放する、と日本が叫んできたので、連合国が勝利を得たのち、かつて軍事的および経済的にアジアの大部分にわたっていた白人の覇権を回復することは全く不可能になった。」

カーのこの指摘は私の考えていたアジア解放の問題に関わるものであるが、この解放は日本のアジア政策の転換によってではなく、日本の敗戦とともにもたらされたものであることを銘記しなければならない。

＊　＊　＊

戦争の分析と深く結びついて、戦時中の私の重要な課題となったのは、国際法学の立場と方法の探求である。

私が研究を始めたころ、国際法学界は混沌たる状態を呈し、伝統的な国際法理論のほかに、いくつかの新しい国際法理論が対立していた。その動揺と混乱のなかで、正しい学問的立場を求めて模索を続けた私は、東京大学法学部における講義の必要に迫られたために、そのテキストとして使用することを目的として、昭和十四年に『国際法学講義要綱』を刊行したが、その序文に当時の私の学問的立場を次のように書いている。

「私が国際法学の探究にさいしてもっとも重要視するところは、国際法をその発達の現段階において客観的に認識することである。社会科学の現実性と科学性との調和の困難は、国際法学においてとくに著しい。世界主義の理想を追求して国際法の現実から遊離した空論に走ることは、現実の政治的要求に捉われて特定の外交政策の非科学的な弁護に堕することとともに、国際法学の陥りやすい誤謬である。第一の場合には国際法学の現実性が失われ、第二の場合には国際法学の科学性が失われる。私は、国際法学の対象の政治的制約を肯定すると同時に、国際法学の方法の政治的制約を否定し、国際法学の現実性と科学性との調和に努めたいと思う。」

ここに抽象的に述べた言葉のなかには、国際法を全世界法体系の最高のものと理解し、国際法優位の理論を形式論理的に展開した純粋法学派の国際法学や、自国政府の外交政策と国際法理論をあまりにも素朴に結びつけた初期のソビエト国際法学などに対する、私の学問上の疑問と批判がこめられている。

この立場から執筆した『国際法学講義要綱』をテキストとして講義をしつつ研究を進めていくうちに、私は次第にこの著書の欠陥に気づきはじめた。そこにおいて、「国際法学の対象の政治的制約の肯定」により、国際法の現実の機能の解明を意図しながら、なお国際法の規範内容の確認にとどまる場合の多いこと、また「国際法学の方法の政治的制約の否定」は、必ずしも国際法学に「科学のための科学」たることを要求するものでないこと、などがまず重要な論点として浮かびあがってきた。これらの問題をさらに掘り下げていくと、思想的立場をどう定めるか、歴史の理念をどこに求めるか、というようなところに突きあたる。そしてそれらは根本において哲学的立場の確立を必要とするのである。

戦時の特殊な環境のなかで、この行路は私にとってかなり険しいものであったが、光明は少しずつ射しはじめていた。一つの転機となったのは、東京大学法学部の昭和十八年度のゼミナールで、マックス・ウェーバーの『シュタムラーによる唯物史観の〈克服〉』をとりあげたことである。

戦況が日本にとって深刻となりつつあったあの暗い時代に、私は学問的情熱に燃えた学生約三十人といっしょにウェーバーのこの難解な論文と取り組んだ。その間にも学生たちは次々に召集されて戦場に行き、悲痛な戦死をとげたものも少なくなかったが、そのような重苦しい空気のなかで進められたこのゼミナールは、私にとって学生時代に洗礼をうけたあの社会科学――マルクスとその生涯の友エンゲルスによって礎石を据えられたあの社会科学――にもう一度たちかえるきっかけとなった。遠い過去に通り過ぎた文献を、新しい眼で読み直す時期が巡ってきたのである。とりわけ、レーニンの『唯物論と経験批判論』の再読は、哲学的立場について、周囲で支配的だった新カント派の認識論にどうしてもついていけないことを痛感しつつ、なお現象学や批判的実在論のあたりを彷徨していた、私の多年の迷いを断ち切るのに役立った。

＊　＊　＊

こういう状況のなかで、私は「私の八月十五日」を迎えた。先に触れたように、それは私の生涯の重要な分岐点となったが、この日を境とする分岐は戦時と戦後の生の断絶ではなく、連続であり、発展である。

戦後の生活を私は自分の居住する地域社会（東京・杉並区）における社会教育活動から始めたが、それはきわめて自然なプロセスで原水爆禁止の国民運動へと進化した。この運動や平和・友好運動に社会科学者として参加することにより、私は測り知れないほど多くの教訓を学んだが、その一つは「社会科学的認識の党派性と客観性」の問題をはっきりと解決できたことであり、もう一つは「理論と実践との循環は全認識過程の継続である」という真理を体得できたことである。

これらの問題をも含めて、私は、戦前・戦時・戦後にわたる私の学問の軌跡を著書『国際法学と弁証法』（昭和四十五年）で書き著わした。本書にこのような題をつけたのは、「生き生きとした認識」としての弁証法こそ私の学問の基本的方法だからである。

＊　＊　＊

この数年来、私は朝鮮問題の平和的解決に主力を注いでいる。注目に値するのは、朝鮮民主主義人民共和国で社会科学の理論と実践のユニークな発展が認められることである。チュチェの思想・理論・方法の全一的体系は、マルクスやレーニンの時代と著しく異なる歴史的条件をもつ現代の革命思想の典型であり、それを指導的指針とする朝鮮革命は、思想革命・技術革命・文化革命のいずれの側面においても、参考となるところが多い。

それとの連帯を強化しつつ、私は日本の変革の問題を主体的に探究したいと思っている。「私の八月十五日」以前の生活と学問では、私は体制内批判の枠を打ち破ることができなかったであろう。

〔やすい・かおる　元東京大学教授　法政大学教授。一九〇七年―一九八〇年〕

待望と焦燥の三週間

岡倉古志郎

私の「八月十五日」は他の大多数の同世代人のそれとはかなり異なったものであった。

それは、言ってみれば、ひとりの「心情的敗戦主義者」、しかも「ポツダム宣言」が電波に乗って世界中に伝えられた直後からこれを知り、同宣言の受諾による無条件降伏実現の一日も早いことをねがい、また天皇の敗戦詔勅のおよその内容と意味とを予め知っていた者が、待望と焦燥の三週間後に、やっと迎えた日だったからである。

のっけから鬼面人をおどろかす態の書き出しでいささか気になるが、若いインテリゲンチャ（当時私は三三歳）の敗戦前後の記録として残しておきたいと思うので、この機会に書き記すことにする。

＊　＊　＊

「企画院事件」に連坐して治安維持法違反の「罪」に問われていた私は、一九四一年秋の第一審では懲役三年の実刑判決を受けたが検挙後二年ぶりで保釈となり、翌四二年夏の控訴審でようやく執行猶予五年の判決が確定したので、東亜研究所時代の同学の故松成義衛君（経済学者）の推薦と鈴木正四君（歴史家）らの口ききで綜合印度研究室の研究員になり、以後敗戦まで、ここで英帝主義下のインド経済の研究に専念した。

この印度研究室というのはきわめて「奇怪」な存在で、元国民新聞の政治、経済部長等をつとめた口八丁手八丁の大記者、木原通雄、後藤勇、首藤恒のトリオが主宰し、「革新都政を守る会」の代表世話人の一人、岡十万男氏が事務局長をしていた。このトリオは、インドの調査、研究を口実に参謀本部、外務省等から金を引き出し、それで研究所を運営していたが、左翼の学者、研究者ばかり抱えて、自由に研究をさせていた。前述した鈴木、松成両君のほか、林文雄君（美術史・美術評論）、そして私がレギュラーで、顧問格の研究員として故松本慎一氏（政治評論家、尾崎秀実の親友で『愛情は降る星のごとく』の編者。戦後、産別会議幹事）もおり、宮川実氏もここで翻訳書を刊行した。

さて、この主宰者のトリオ、とくに木原通雄氏は鋭い政治感覚と的確な先見能力の所有者で（なお同氏は宮本顕治・共産党中央委員会幹部会委員長の幼なじみで、宮本委員長もかつて『前衛』だったかにのった追憶談の中で木原氏のことにふれている）、すでに敗戦が必至とみられた一九四四年ごろから、同じく印度研究室と表裏一体の形で主宰していた世界政治研究所で戦後の世界秩序にかかわる研究プロジェクトの策定、実施をひそかに始めていた。私たちもこれに従事したが、たとえば横田喜三郎教授中心の戦後国際平和機構の研究（ダンバートン・オークス会議の構想。なお、戦後出版された横田氏の『国際連合の研究』はこれが母体となっている）、大内兵衛教授のブレトン・ウッズ機構の研究もその代表的なものであった。この世界政治研究所には連合国側の短波放送を傍受したニュースが毎日入手されており、私どももそれをかいま見て、刻々の戦局や世界情勢を把握するのに事欠かなかった。

＊　＊　＊

麹町区三年丁一番地（当時、首相官邸前の坂道を特許局庁舎まで降ったところ）にあった印度研究室・世界政治研究所は五月二五日の東京大空襲で焼け、以後敗戦まで、えびす駅付近の木原、首藤両氏宅を仮事務所とした。前年、千葉県印旛郡千代田村四街道（現、四街道町）に疎開していた父が死んだあと、残された母と暮すため妻子と共に移っていた私は、そこから毎日研究所に汽車通勤していた。

炎熱灼けつく七月二七日正午ごろ、私たちは木原氏らから「ポツダム宣言」の英文テキスト全文をしめされ翻訳を頼まれた。そこで、さっそく、鈴木、岡倉、林のめいめいが訳して各訳文を照合して訳文を作った。たしか、松本慎一氏も居合せたと思うのは、松本さんが旧制一高時代のクラスメートで外務省高官の松本俊一氏に働きかけて、外務省をポツダム宣言受諾、無条件降伏に傾かせるべく精力的に工作するんだ、と意気軒昂として出ていった記憶があるからである。鈴木、林、松成の諸君にしても、私にしても、すでに前年ごろから、とくに四五年になってからは、日本帝国主義の軍事的敗北は必至であるという確固たる見とおしをもっていたから、ポツダム宣言の発表によって、いよいよ決定的段階がやってきたとの判断を固めた。

木原氏らは木原氏らで、鈴木内閣が軍の抵抗を抑えてポツダム宣言の受諾と無条件降伏への道を啓開するよう精力的な政治工作に乗り出していたようである。とくに木原氏はかねが迫水久常・内閣書記官長（当時）とじっこんの間柄であったから、このチャンネルから政府首脳部を動かそうと努力したらしい。このことは、「八・一五」の天皇の敗戦の詔勅の草案の実際の起草者が木原通雄氏だったらしい、という後年の確度の高い推測とも表裏一体をなすものである。

だが、七月二十八日の各紙に掲載されたポツダム宣言は、国民と軍将兵の動揺を恐れて「日本国軍隊は、完全に武装解除せられたるのち、各自の家庭に復帰し、平和的かつ生産的の生活を営むの機会を得しめらるべし」、「われら（連合国）は、日本人を民族として奴隷化し、また、国民として滅亡せしめんとする意図にあらず」の条項をカットしたものであり、さらに、軍統帥部の強い要求から、同日の記者会見で鈴木首相はポツダム宣言を「黙殺」するとのべた。連合国側がこれをポツダム宣言の拒否と理解したのは当然であり、このことが広島、長崎（八月六日、九日）への原爆投下、ソ連の対日宣戦布告（八月八日）の直接的契機となったのも必然的な成り行きであった。

八月六日の正午少し前だったか、木原氏は広島に投下された「新型爆弾」について、「あれはアトミック（原子爆弾）だ、一日も早くやめねば（無条件降伏・停戦）民族の滅亡だ」と「石頭」の軍部に対し憤激しつつ興奮して語っていたと記憶する。ついで、痛撃的なソ連の参戦と怒濤のような進撃。その間、ポツダム宣言受諾のプロズ・アンド・コンズをめぐって刻々に動く情勢。情報源に比較的近いところにいた私たちにはおよその事態の推移が分ったが、それだけに一喜一憂、冷汗をかきながらの毎日であった。しかし、八月十日、ついに政府は、天皇大権を変更しないという条件つきでポツダム宣言受諾を米、英、中、ソに打電した。

この間、米軍機は連日数百機で本土空襲を継続していた。七月十四日朝にかけて米軍機は、日本の降伏申入れと連合国の回答を日本文で記したビラを大量に空からバラまいていた。

私も、私の家族たちも、もはや降伏と平和の回復は時間の問題だと知っていた。だから、ここで万一爆撃なんかで死んではこれほど馬鹿らしいことはないと思っていた。七月十三日朝、米軍のP38とムスタングの編隊が私たちの疎開先付近の野戦重砲兵第四連隊の兵舎におそいかかり、頭上を機関砲、銃弾が雨あられと飛び散ったときなど、文字どおり肝をひやした。さらに、私のような「要注意人物」の場合、血迷った憲兵隊、特高等による逮捕、殺りくの現実可能性もあった。全世界の反ファッショ勢力のおかげで、軍国主義と天皇制ファシズムの圧制下からの解放と待ちのぞんだ平和の当来、また、民主主義日本への明るい展望の光を前にして、光と影、希望と恐怖とが交錯する猛暑の日夜がつづいた。

＊　＊　＊

「八・一五」の天皇の放送の文言は別として、その中身は数日前から分っていた。放送が無事にすめばよい、そうすれば無条件降伏はまず逆転不能な既成事実になるだろう——そう期待しながら、一九四五年八月十五日正午、私は妊娠七カ月の大きなお腹をした妻と二人の男の子、それに老母とともに、古ぼけた国民型ラジオ受信機の前にいた。

蟬しぐれにかき消されそうな、天皇の抑揚のない、分りにくい言葉がスピーカーを流れ出て、いつか終った時、私はホッとして「よかった、よかった。こん夜から電灯をつけっ放しでいいぞ！」と思わず、こおどりして叫んでいた……。

世界政治研究所では、数週間前からすでに「戦後」に備えて日本の民主化のオピニオン・リーダーたるべき週刊誌（「週刊新日本」）の刊行準備を進めていた。八月十六日、私たちは、すぐ、この雑誌の編集実務にとりかかっていたのである。

〔おかくら・こしろう　中央大学教授。一九一二年―二〇〇一年〕

八月十五日のあと

杉村章三郎

歳月流れるごとく終戦後三十年を経過した。また終戦記念日を迎える。昭和二十年八月十五日、当時わたくしは鎌倉に住んでいたのでこの日も同地の自宅におり敗戦の詔勅を聞いたわけである。もっともこのことが遅かれ早かれなされるであろうことは、サイパン陥落、沖縄の占領、ソ連軍の満州侵入並びに日本への宣戦布告等の事実から一庶民としても感ぜられたが、それが現実化する予報をその前日にもたらしたのは某都市銀行の第一線に働いていた今は亡き弟であった。恐らく財界にはそうした情報が確実に入手されていたのであろう。

もう一つ終戦直前の思い出として時日は覚えていないが、既にわが軍の敗戦が相次ぐ時期であったことは間違いない。ある日わたくしは突然南原先生（当時東大法学部長）に学部長室に呼ばれた。何用かと思って出向くと、当時まだ学部長室に専属の秘書の居なかった時代で先生自ら番茶のサービスをされ、時局転換についての意見を徴されたことであった。今にして思うと南原先生は各教授の意見を個別的に聞いて、これをまとめて二、三の長老教授とともに政府の要路に意見具申をされたのではなかったかと思う。

終戦の決定に対する当時の感想といえば、一般庶民として漸く苦しい戦争が終ってヤレヤレしたという一語に尽きよう。問題はむしろこれから日本はどうなるということであった。具体的にはそれから始まり六年七カ月の長きにわたった占領体制に対しいかに対処すべきかであった。

それにしても国を始めて以来、敗れたことのないわが国が敗戦によって、その領土は一挙にして四つの島だけに縮小され、その領土全体が連合国に支配されたのであるから国民としてのショックは大きかった。国民が忍従と耐乏の精神をもってどうやらこの難局を切り抜けることができたのは幸いであった。

長い占領期間において連合国がわが国に残した施策は国政の全般にわたるといってもよい。農地解放、財閥解体、教育における六三制の採用等、数えればきりがない位である。しかもこれらの改革は何れも連合国というわが国権を支配するいわば他国の強権が企図したからこそ実現されたもので、わが国だけの力では夢想もできなかった思い切った内容のものであり、三十年を経た今日なお現行制度となっているものが圧倒的に多いのである。ただ何といっても占領期間中に連合国によって示唆された制度改革のうち最も基本的なものといえば新憲法、即ち日本国憲法の制定である。この憲法は旧憲法七三条の規定に基づき旧憲法を改正するという手続的には無理と思われる方法により制定されたものであり、後日一部の人からは押しつけ憲法とか、与えられた憲法と批難されたのであったが、世論は始めての民主・平和憲法としてその大勢はこれを歓迎したと思う。五月末の新聞報道によれば、戦後の外交文書が大々的に公開されこのうちには「新憲法秘録」も含まれているようだが、これまでも司令部関係者のもった資料で公開されたものが少なくない。高柳・大友・田中三氏編著の「日本国憲法制定過程」は当時司令部の有力者ラウレル資料に基づく業績であるが、解説の冒頭において「アメリカ政府においては戦争開始されて一年にもならない昭和一七年一一月の頃から漸次対日戦後処理政策の研究が始められていた。そしてその中核として日本の国家体制の改革のためのプランが検討されていた」といい、その改革の内容は天皇の制度をも対象とする国家体制の根本にかかるものであり、この改革の実施には「憲法の改正を必要とするという考察がなされていた」となしている（解説篇三頁）。だから連合国が日本政府に対して早くから民主的新憲法の制定を示唆したのはその既定方針に基づくものであったといえようし、世論もこれを受け入れていたといえよう。この意味においてこの憲法は与えられた憲法ではなく日米合作の憲法ともいいうるのである。新憲法の出来ばえはどうかといえば、行文において稚拙のところが少なくないが、全体として見れば規律の対象が国政の基本の全般に行き渡っており、内容的にも含蓄の多い憲法と考えている。

新憲法下、占領時代にわたくしが干与した仕事の思い出としては、記憶にのこるのは昭和二五年に設けられた地方行政調査委員会議（通称神戸委員会）の委員として参加したことである。この委員会は戦後の中央・地方を通ずる税制の基本体制のあり方を提言した有名なシャウプ勧告に基づいて設置されたものであり、その任務は「国と都道府県と市町村との間における行政事務の配分を再検討し、地方分権の趣旨に沿うて再配分を研究し」その結果を内閣及び内閣を通じて国会に勧告するにあった。シャウプ勧告が何故にこのような委員会の設置を要望したかといえば、当時における国税・地方税の基礎調査をなした際、その前提として地方団体の事務の現状を調べたところ地方団体がその機関によって処理する委任事務があまりにも多く、特に国の事務たる本質を有しながら地方団体の機関を用いてこれを処理せしめる機関委任事務が多数存することに気づいたからと思われる。いい換えれば国の事務と地方団体の事務の混交が目立ったからであろう。

シャウプ勧告はこの問題を解決するに当って地方分権重視の方向を示唆した。その内容は「(1)日本のみならずあらゆる国家の将来における進歩と福祉は地方団体の有効な行政の量と質とにかかっている、(2)政治力が国民より離れ、又個人と無関係な中央政府に集中されるよりも、むしろ分散されて国民の身近に置かれる方がよい、(3)地方団体の運営は国民が容易に監視し又理解することができる、国民は地方行政から受ける利益とそれに要する費用との関係を明確に測り知ることができる、(4)地方的事件は個々の地方における独自の必要と問題をよく知っている小さい単位の団体によって処理する方がより効果的である」というのである。

神戸委員会はこの方針に従って約二カ年にわたり殆んど各省にわたって存在する中央・地方関連の事務を大小もらさず検討し、いわゆる事務再配分に関する見解を指示し、更に行政事務再配分の実施上の問題として地方団体の規模の合理化等について勧告を行なったのであった。しかしこの神戸勧告は規模の合理化等を除いては中心の事務再配分に関するものは殆んど実施されなかった。それは何故であったであろうか。その原因として挙げられるのは、わが国の明治初年以来続けられてきた中央集権の伝統、この下に多年育成された官僚優位の態勢がその主なものといえよう。具体的には国の権能を地方団体に移譲することに対して各省は必死に抵抗をし、各省の背景に存在する司令部の各セクションがこれを応援するという形で現状維持的なものとなったわけである。

かように神戸勧告は実行されなかったが、事務再配分の問題は地方団体の財政引いては住民負担と密接な関係にあるわけで、地方制度調査会始めその後にできた行政改革に関する諸委員会においても絶えず問題とされているが、これらの委員会の答申をみても必ずしもシャウプ勧告において指示されたような純粋な地方分権的構想によるものではなく、中には機関委任制度が行政の経済化の見地から奨励されるべきものとするものもあった。しかし昭和二七年追加された地方自治法の別表は地方団体の事務の状況を記載して事務再配分はいつでもできるように準備されているし、事務再配分の問題と密接の関係のある地方事務官制の廃止が昨今またむし返されている（本年三月九日毎日新聞論説「地方事務官制の廃止に決着を」参照）。

以上の如く地方自治の問題一つとりあげても占領下の政治において考えられていた理想がそのまま実現されているわけではない。新憲法の各条項また然りである。

思うに敗戦は日本民族に有史以来味わったことのない大きい試練であった。廃墟のうちに立ち上った日本国民は三十年間によく難局を克服しＧＮＰ上位の国家にのし上ることができた。ここに日本民族の優秀性を認めざるを得ないが、その反面において民主主義の基礎である自由主義、個人主義をはき違えた個人・団体のエゴイズムの横行に悩まされつづけている。このことは経済・高度成長の時期においては、さほど目立たなかったが、今日のような経済界の不況、低成長の時代においては一層はげしさを増している。法律学の任務は今更いうまでもないが、こうした法によって表現された理論と実際との調和をいかになすかということにあると思う。

〔すぎむら・しょうざぶろう　東京大学名誉教授　東北学院大学教授。一九〇〇年―一九九一年〕

終戦詔書を評して

中村　哲

総帥権のこと

八月十五日は六日の広島原爆投下以来、噂のあった終戦の詔書が発せられた日で、当時たまたま在京中であった私はそういう結末になることをうすうす識っていた。直接には海軍の中枢部と関係のあった谷川徹三先生から数日前に、聴いていたことで、谷川さんには、そのころ志賀直哉氏に早速伝えに行ったという文章があったと記憶する。終戦の指導権を握っていたのは海軍だったからである。私はかねてから終戦工作の立役者の一人であった朝日新聞論説主幹の佐々弘雄氏に任地台北へ帰任するための航空機を依頼することなどがあったため、早くから、終戦工作の裏のことを聴いていた。当時、日誌をつけることもなく、焼跡の中の耐乏生活をしていたので日々の追想というものが一かたまりのものとして、心情だけが蘇ってくる程度である。身辺の人も物もすべてを失い、二回焼け出されて、三回目の渋谷の寄宿先は焼野原の中の知らぬ家の玄関であった。持っていた本は台北大学の研究室の印のあるギールケの団体法の第二巻と第三巻、それにエルザレムの「国家」という独文の三冊きりで、これを読みつづけていたのである。それに『台北大学政学科年報』に書いた未公刊のゲラ刷り「ゲルアンの国家」を携えており、これを推敲する日々であった。

佐々氏とは昭和研究会が数年前に秘密会としていた「統帥権の研究会」以来のことで、ここでのテーマは統帥権をいかにして政治がコントロールする法理を見出すかということにかけられていた。このための最後のまとめの報告は私が書いたのであった。終戦の御前会議は「最高戦争指導会議」とよばれ、ここで終戦の審議が行なわれたのであるが、その細かな資料は今日、外務省編纂の「終戦史録」等にのこされている。私はもちろん、終戦決定の経過を正確には知らない。ただ佐々氏はこの「最高戦争指導会議」が君の案によるものだから、そこの書記官にでも入って、自分たちの終戦工作に加わるべきで、台湾などに還る必要はないのではないかといわれた。そして終戦工作の中心人物であった情報局総裁猪方竹虎に会う手配をされた。猪方氏に会ったときは、先に台湾総督府の情報局長細井氏が来ていたところだといわれた。佐々氏は台湾に帰ることが不能となったら、この会議に入ることか、情報官になることか、朝日の論説記者になることかと三つの方法をいわれたが、そのことについては、終戦の気運をみていたことだし、こちらから依頼する気には、もちろんなれなかった。終戦の工作が着々と進んでいることは、この右のような関係でかねてから感じていたのであるが、それが可能となるかどうかの見透しは全くなかった。私が戦後、新雑誌『潮流』の編集相談役をつとめ、東大新聞の前編集長であった瓜生忠夫君を、この雑誌の編集長に頼んだのは、佐々氏が編集された第一号を、私が引き継いで第二号以下を発行する行きがかりとなったからである。『潮流』は高崎にあった吉田印刷から発行したもので、この印刷所は朝日新聞が東京で発行不能となった時の疏開先として用意されていたものの一つであった。『潮流』が自然に、青年文化会議とよんだ戦後の新人の活動の場となったのは、このような私の関係からであった。

細川護貞『情報天皇に達せず』を打開しようとした主役の一人は猪方氏であるが、そのことが吉田首相に次ぐ政界の立役者として戦後の時代を予約されていたのである。私はそういう動きをたまたま感知する立場にあったけれども、台北に帰任できないまま昔、関係のあった東大法学部の研究室や大学新聞社に時折顔を出していた。八月十五日はそういう日であったためであろうか、私は今から思うと奇縁にも、この新聞に天皇の終戦詔書を論ずる一文を草している。当時は総合雑誌の『中央公論』『改造』は廃刊とされ、雑誌の体をなすものもなければ、新聞紙の数も統制をうけ、しかも紙面が僅かであった。このため、八月十五日の所感を当時、述べた人は何人いたであろうか、この日の新聞を今開いてみないのでもう一つよくは判らないが、新聞の社説のほかに、所感をのべることは差しひかえられていたように思う。まだ世は詔書の意を体するという他に、なにもなし得ない時期であった。それなのに、当時存在した稀少な言論機関であった大学新聞に、所感を記したのは、さまざまなことを考えさせられる。この号には、森戸辰男先生が、いずれ社会党政権が出来るであろうという論説をいち早く宣言されていたのを憶えている。矢内原先生もなにか、書かれていたように思う。いわば号外のような紙面の僅かな印刷物であった。これが戦後の最初の刊行物でなかったかと思う。

終戦時の天皇観

詔書を論じた私の文章は考えるだけでも後めたい気がする。まだ言論が自由になり切ったわけでもなく、一瞬に世は明るくなったとはいえ、戦争中の忍従の心情のままで筆を走らせたにすぎなかった。戦時中に、書かないでもいい文章を書けば、こんなものになるという種類のものの延長であった。そういう気持をしだいにふっ切っていったのは、八月十五日以後の友人たちとの交流から来る刺戟によるもので、それが青年文化会議というグループに他ならなかった。野間宏君が上京して、大学新聞のアルバイトをするようになったのも、この日以後のことであるし、丸山真勇君も広島の軍隊から解除されて上京していなかった時期であった。このころ東大の研究室でよく顔を合せたのは、研究室に起居していた団藤重光君や社会科学研究所の前身ともいえる資料室にいた内田力蔵君であった。私はすでに戦場にも出たし、内台航路の遭難をつねに、覚悟していたし、何回となく青山墓地のわが家の墓をひとり訪れたものである。そうしていた自分にも、想像し難かった戦後がおとづれて新時代の到来を感じた。戦争によって直接に、間接に去っていった肉身及び身辺の人々のなかで、自分だけが生きのびたことを改めてさびしく思った。このような犠牲のなかでは、思い切って自分の第二の人生の出発をと考える他はなかった。奇蹟的にも、生きていられたのである。

終戦の詔書の焦点は「国体護持」が論点であったが、社説は許し難いということで、当時の編集長櫻井恒次氏から執筆の依嘱をうけた。この新聞は八月二十一日の発行となっているが、八月十五日の詔書に対する所感は、すでに、この当時に述べているので、私の八月十五日というテーマは、これで尽きている。それを改めて、ここに問われてみると、この文章の背後にあった自分の心情を思い返すことしかない。

文章は今日からみると、アメリカへの民族的抵抗というか、反撥のようなものが強く貫かれたままで書かれている。これは形は違うが、私には、いまでも正直のところある。ロッキードとかＣＩＡといわれると気味の悪いものを感ずることについてで、ケネディが暗殺されて怪しまれない異常な国の体質はわかり兼ねるものがある。これはアメリカの政治権力につきまとうもので、民衆についての印象ではない。私は、文章のなかで「民族の不朽の生命を思念し給える聖断によって武力による戦争を停止したのである。ただこれまでの戦争遂行の過程において今日ほどの明察と決断が政府によって示されていたならばと思ふけれども、それを今は問ふまい」と書いた。御前会議の形で天皇によってしか、憲法論としては統帥と国務の二元主義を調整し、軍部をコントロールすることはできないというのが、私の昭和研究会の報告書であった。部分的な、あまりに技術論的な主張になるが、天皇の意志という表現をかりる他はないというのが、戦前の私の立論であり、そうして実際に最高戦争指導会議においては、天皇自身の発言で陸軍の本土決戦論に終止符をうつことができたという。戦争は相手国の民衆の生活している戦場での戦いにはちがいなかったので、それを除外しては間違いだが、本土決戦論はわが国の国土で民衆をはじめて戦火にまきこむことで、これを抑え得たのは、天皇の発言によったことが記録にのこされている。終戦をかねてから天皇が提言していたというのではないけれども、天皇の発言があって幸いしたのである。このことが天皇の戦争責任とは別に、アメリカ側の日本分析とし、天皇による戦後の日本コントロールの問題として、双刃の劔の評価となることであった。天皇の決断といっても、そういう状況が作られて、やむを得ない破目になって決断を下されるほかはなかったのであって、天皇制機構は天皇が独走しうる体制ではない。個人としての天皇の心情に理解を示す気持は今日でも変らないが、終戦に果した天皇の役割の双刃の劔、それこそが、大きな問題としてつづいて私自身の戦後の憲法論の一つの出発点にもなってきた。こうして、その後の私の憲法発言となっていったことを、ここに改めて思い浮べる。

〔ならむら・あきら　法政大学総長。一九一二年―二〇〇三年〕

科学する心をなくしていた頃

加藤新平

当時私は京都の北郊、亡くなった妻の実家に住んでいた。結婚して二年半たっていた。妻の年老いた父は数年来ひどく身心をいためて一室にこもりきりだったし、ただ一人の男の子（妻の弟）は軍役に服して仏領インドシナにあった。私達は老父の看護役兼留守番としてその家を我が家のようにして使っていた。

八月十五日、正午に天皇のラジオ放送があることは朝からの予告で知っていたように思う。正午、義父を起してラジオをおいてあった居間に来てもらい、妻と三人で放送を聞いた。私は起立して俯いたままの姿勢だった。放送は割合ハッキリ聞きとれたように記憶する。大きな溜息は出たことだろうが、特別話しあうこともなかった。口に出せば何を言ってもうそになる。義父はやがて済まなそうな顔をして病室へ去ったし、後から思うとこの時既に肺をおかされていた妻は蒼白な顔をしてじっと座っていた（それから丁度一ケ月後の九月十五日夕彼女は風呂場で喀血し、その後十年の闘病生活を送ることになった）。

＊　＊　＊

私は昭和十三年一月から十五年秋まで兵役に服し大半を旧満州で過したが、その間ノモンハン事件で前線に出たことがある。（私は幹候志願は拒否したため将校にはならず当時伍長勤務上等兵だった。所属中隊は十四年晩夏の一日の戦闘で全滅したが、私は師団本部の暗号通信班勤務で出ていたため助かった。太平洋戦争の時は不思議に召集は受けなかった）。十四年九月半ば停戦協定の成立が伝えられた時、本部の下士官達は口々に「東郷の馬鹿」と叫んで慷慨していた（モスクワで停戦交渉に当った東郷大使のこと）。当時我々の推測ではかなりの精鋭部隊が左右に集結しつつあり、日ソ両軍の決戦が刻々迫りつつあるように感じていた。総攻撃が始まりハルハ河対岸に敵をおし返した時には、味方もまた半ば以上を失っているだろうと、私と同年輩の通信将校は言っていた。その日の切迫の緊張の中に停戦の決定が伝えられたのである。東郷の馬鹿という罵声の中に言いようもなく不快なものを感じたことを私は今でも覚えている。その少し前には、「この戦争で死ななければ俺も准尉になれるんだがなあ」と言っていた人もあったし、ある夜味方の戦車の音を敵戦車の来襲と間違えて、部下である私の腕に縋りついて来た下士官もあった。本音（ホンネ）は皆別の所にあったのである。戦場に着いた途端に砲爆撃にさらされ（中には味方の誤爆もあった）死の恐怖に怯えていた私には、この思いがけぬ停戦はまさに救いの神だった。八月十五日天皇の放送を聞いた時、その感慨はもちろんはるかに複雑なものではあったけれども、丁度あの時と似たようなホッとした気持が湧き上って来たことは否定できない。とも角本土決戦という最悪の事態にはぶっつからずにすむのである。

＊　＊　＊

太平洋戦争については、私は一人の平凡な協力者だったと言えるだろう。もっとも協力と言っても、日常生活の中で、戦争遂行上要求されていたあれこれのことをまじめにやっていたというようなことであるが。町内のバケツ・リレー訓練、大学での在郷軍人訓練、昭和十九年から始まっていた学生の勤労動員に附添って農地改良のための土方作業を学生と一緒にやったり、兵器工場で学生を「監督」したり等々（もっとも兵器工場の方は材料不足のため仕事がなくてうんざりすることが多かった）。

今思い返すと、残念ながら、あの戦争の原因とか帰趨とか歴史的意義とかを科学的に冷静に捉える眼は私にはなかったし、そうしようとする心もなかったのではないかと思う。

私は昭和五年秋、卒業間近かの一高を思想事件で放逐され、その後暫く東京で思い出すのもいやな暗い泥沼生活も経験し、いろいろ廻り道をしてやっと昭和十一年京大法学部を卒業、幸いにも研究室に残ることになったが、大学入学後いつの頃からかマルクス主義から離れるようになっていた。なぜそうなっていったのか今でも正確には分らない。おそらく東京での泥沼生活の最後の頃一部左翼文筆家に対して抱いた幻滅、嘗ては金科玉条視していた唯物史観の歴史解釈の一面性を漠然とながら感ずるようになったこと、そして大学入学後初めて踏みこんでみた「ブルジョワ哲学」にますます魅力を感ずるようになったこと等が原因だったのだろう。ノモンハンに駆り出された頃最も強く私の心を領していたのは――敢えて単純化し且つ誇張して言えば――、いかに死ぬるかが人間にとっての大事だ、哲学とはそれを教える道だ、というような観念だったのではないかと思う。実際、当時ある高名な哲学者はそういう意味のことを語っていた。北満の砂原の塹壕の中で砲撃のたび毎にスコップを頭にかざしながら死に怯える自分を憫笑していたことを今でも思い出す。多分敗戦の時までそんな気分の中で過していたのではなかろうか。敗戦後私はおよそ科学する心を忘れていた自分を恥かしく思いまた不思議に思ったりした。

実をいうと私は太平洋戦争そのものには暫くの間何か気乗りしないものがあった。昭和十八年だったか十九年だったか忘れたが、戦争についての私の心構えを糺すために研究室を訪ねて来た二人の学生に、「この戦争には詩がない、物慾の臭いがする」と言って彼等を失望させたことがある。その二人の学生を私はよく知っており、その爽やかな性格に好感を持っていたのだが。しかし戦況がますます不利になるにつれて、却ってあの戦争を東亜諸民族の解放戦として正当化する気持を自分におしつけていったような気がする。

戦争中の私の研究は一貫性を欠いていた。「法の妥当根拠と法のイデー」のタイトルで四編の論文を書いたり(これは結局未完に終った)、昭和十三年の助手論文で扱ったドイツの「具体的秩序思想」の諸論点を再検討してみたり、最後には「国家論覚え書」(1)(2)を書いたりした。これらのうち法の妥当根拠論の最終編としてカントの抵抗権論に焦点を合わせて書いた「カント法哲学についての一考察」は今でも懐かしい論文であるが、外のものは戦後人に語ったこともないし開いて見ようとしたこともない。具体的秩序思想に関する論文はナチス法思想に対する批判を盛りこんだものであったけれども、実を言うとそれにはもう清新な学問的意欲を感じ得なくなっていたし、国家論覚え書の方はかなり意気込んで書き出したものではあったが、書き終えた時には心に妙な隙間が残った。それは晦渋な割りには幼稚なソフィステケーションによって日本の国体を美化しようとする議論をある部分に含んでいた。今にして思うとそれは、いやがる馬の首を無理にねじ曲げて水を飲ませようとする試みに似ていた。なぜそういうことをしたのか、いろいろの理由が考えられるが今は語りたくない。少しでも己が心に無理を強いながらものを書いてはならぬという痛い教訓を私は何よりもこの論文執筆によって得たのである。

昭和二十一年、法学部に、教授三人、助教授二人で構成される教職員適格審査委員会が設けられ、助教授だった私もその一員にされた。これは言うまでもなく連合国軍最高司令官の要求に基づいて、東亜新秩序論や極端な国家主義の鼓吹者などを教職から排除するための審査をやる委員会であった。私は右の論文を審査資料として提出し疑問の個所を示したが簡単にパスしてしまった。時勢已むを得ぬこととはいえこの審査は誠にやりきれない思いだった。結局二人の教授が不適格ということになったが、私はある人が問題になった時、つい激情に駆られて、我々を裁こうとする国々だってこれまで他民族を侵略してきた、タスマニヤ原住民を絶滅させた国もある、というようなことを口走った。何でタスマニヤという妙な所をもち出したのかよく分らないが、この「タスマニヤ」は当然或る人々の間でおもしろ話の種になった。私自身にとってもその後軽率な激情の動きを抑制する自戒の材料になったが、しかし三十年たった今日では、格別心の痛むこともないし、むしろ頬笑ましい思いさえする。

戦後間もない頃の作と想像されるが、恒藤恭先生に「ひとつの感想」と題する次のような詩がある。

「なんぢのことばの　なんぞ壮んなる　敗れたる此の国の人々を　罵り散らす　なんぢのことばの　なんぞさかんなる　われは正しかりき　いまもわれは正しと　自己肯定の　こころにたかぶり　いつまでかなんぢはののしる」（昭和二十四年「旧友芥川龍之介」一三五頁）。こうした気持も当時私の中に激しく動いていたことはたしかである。前に述べた国家論覚え書の抜刷を三十年ぶりにとり出して見たら、驚いたことに「二十年九月から二十一年三月までの法理学講義の序論として」この論文を使ったことが表紙に注記されていた。おそらく、変り身の早い人々の喧騒に耳をふさいで、菰（コモ）をひっかぶって自己敗北感を行きつく所まで行かしてみたかったのだろうか。私がその感情の低迷から脱却して新しい気分で研究に精出したのは、二十一年三月恒藤先生が京大に併任教授として復帰して法理学を担当され、二十四年に先生がやめられるまで私は社会法担当ということになってからではないかと思う。それでもなお暫くの間は、戦争時の体験からして、ある言動に出る際には先ずあらゆる角度から自己の心をたしかめてみること、というような自制の念が、自分の生き方を万事消極的にしていた時期があったように思う。

＊　＊　＊

記憶を手繰ってゆくといろいろ辛いことも思い出されるが、あれから三十年、静かに回想すると、やはり我々は敗戦によって真に貴重なものを手に入れたとしみじみ思うのである。

〔かとう・しんぺい　京大名誉教授　大阪学院大学教授。一九一二年―一九九九年〕

八月十五日の日記から

林　修三

昭和二十年八月十五日当時、私は、京都市の下鴨神社の北の方、北大路の通りに近い膳部（かしわべ）町に住んでいた。当時の私の職業は、大阪財務局（いまでいえば大阪国税局にあたる）の直税部長という国家公務員であったが、大阪附近に住居のないまま、下鴨の奥に疎開あとの家を探し出して、ここから、毎日、二時間ぐらいの時間を費して大阪の北浜の近くの今橋の三和銀行ビル内にあった仮住居の役所に通勤していたのである。

まず、八月十五日当日の日記をそのまま次に掲げる。

＊　＊　＊

八月十五日（水）晴。本日は誠に記念すべき日也。昨夜は一一時すぎ空襲警報あり。数目標侵入したるも、どこに行ったかわからず。昨日すでにポツダム宣言受諾の電報を発したという情報があるが、どうしたことか。

六時半起床。警戒警報出る。一機侵入。ラジオ、平生の近畿軍管区情報というのとちがって京都防空情報というのを流す。しかも、時間を一時間まちがえて、はなはだミスリードされた。朝食パンとなすの焼いたもの。七時のニュース放送なく不審に思ったが、八時半出かける。市電で東山三条に出て京阪電車に乗り、伏見下車。役所の疎開について打合会議をする予定の伏見税務署に行く。京阪電車の中で乗客が今日重大な放送があるという話をしているのを小耳にはさんだが、税務署でラジオを聞くと、正午から天皇陛下・放送があるといっているので、さてはと思い、直ちに大阪の役所へ行くこととす。京阪電車に乗ったが、昨日午後の大阪造幣廠附近の大空襲のため電車は蒲生までしか行かず、ここから歩いたのではとても正午までに役所に着けないので、近い造幣局に行く。間に合って来あわせた宇川大阪地方専売局長らとともに、玉音放送を聞く。よく聞きとれず。しかし、同時に放送された内閣告諭などから、一両日前から聞かされていた条件でポツダム宣言受諾のこととわかる。昨十四日の御前会議で聖断下った由。陛下のお気持は如何。しかし、よくぞ聖断を下されたもの也。余の理性では、かねてこのことあるを思い、また、こうなるとしか思えなかったが、感情では、いざそうなってみると残念の気持で一杯也。ことに連合軍が占領にやってくるのは憂うつである。昭和六年以来、十四年の努力の結果がこれだ。日本をここに導いた軍人、政治家、右翼思想家らは、いかなる気持でいるか、しかし、いずれにしても、結果は、国民全体が背負わねばならないのだ。原子爆弾その他の科学の力が戦争を決定したのだが、これがなくても、ここ半年か一年くらいのことだったろう。要するに、準備不足で戦争に突入し、そのあとも、努力が不足だったのだ。

十二時半造幣局を出て、役所へ。天満橋の上で専売局の小川君に会う。よかったねといい合う。昼食パン。山田（財務）局長統監府から帰り、係長以上を局長室に集め、局長から冷静と秩序保持について訓示。局員の多くにとっては、今日のことはまことに意外で、対ソ宣戦と戦争継続の放送と思っていたものも多かったらしい。われわれのように、多少情報に通じ、新聞の紙背を読む努力をしているもの以外は、国民の多くにとっても、同じことだったろう。それにしても、役所の帰途見た道行く人々の無表情の顔（内心はともかく）はどうしたことだろう。戦争中における戦争傍観者的感情と同じ感情であろうか。

五時役所を出て、大阪駅より五時十何分かの名古屋行（通例は東京行）の二等車に納まって京都駅。市電例によってきたらず、帰宅八時前。夕食、米飯、牛肉、ふじまめ、じゃがいも煮込み。家族などの占領対策を妻や母と論ず。九時のニュースで鈴木内閣の総辞職を報ず。同時に、重光、松阪、緒方、迫水、池田氏らの勅選議員任命を報ず。これは少しおかしい。少なくとも書記官長の迫水さんが勅選になるのは、こういう非常の時、いかにもお手盛の感じで常識に反する。

＊　＊　＊

私の八月十五日の日記は、右のようなものである。その日の夜書いたものであるから、感情的にも理性的にも整理されておらず、思いついたことをそのまま書いたという程度のものであるが、こういうものを書いておいたおかげで当日のことは、よく思い出せる。

日記に書かれていることの背景の事情について若干コメントをつけると、私は、この年の三月中旬まで、大蔵省の本省の国民貯蓄局の計画課長をしていたが、三月九日夜の東京大空襲、それに次いでの大阪、名古屋の大空襲のあと、日本が東西に分断された場合にそなえ、大阪における大蔵省の陣容を強化するというような名目で、のちに大蔵事務次官になった舟山正吉氏を勅任の総務部長とし、その補佐をするというかっこうで、そのことを当時秘書課長だった福田赳夫さんからいい渡されて大阪行をすることになった。

三月下旬、大阪に赴任したが、財務局は三月十三日夜の空襲で焼け、造幣局の中に仮ずまいしており（その後今橋の三和銀行ビルに移る）、住む家とてないのでしばらくは単身で、東野田の付近の造幣局の寮に寝泊りした。

そのうち東京は、四月十三日、十五日と大空襲を受け、家族をそういう東京に残しておくのはいかにも不安なので、百万手を尽くして、家探しをし、四月下旬、やっと吹田の操車場の付近に一軒小さい家をみつけ、東京に行って、民族大移動のかっこうで大荷物をもって家族をつれてきたが、操車場に近いので危険な感じがして、さらに家探しをして、五月末、前記、京都の下鴨の奥へ再引越をした。この再引越の直前、留守番と荷物を残してきた東京の家は五月二十五日の空襲で罹災した。かねて老衰の傾向にあった七十九歳の老父は、この家に引き越すとまもなく、六月六日、眠るがごとく大往生をとげた。

しかし、物資欠乏時代のこととて、また、転入してきたばかりのこととて、戦災を受けていない京都ではあったが、棺から火葬などの始末にはずいぶん苦労した。役所関係の人々の非常な努力でやっと葬式を出せたのである。父の葬式でゴタゴタしている最中、六月七日、大阪には昼間の大空襲があり、この空襲で私の一時住んでいた前記造幣局の寮が焼け、また、この前後、私たちが一カ月ばかり、住んでいた吹田の家も、案の定、小型爆弾を受けて被害を受けた。

六月中旬のはじめ、父の葬式を送り出したあと、京都から大阪へ毎日通いはじめたわけであるが、八月十五日の終戦までの二カ月あまりの期間は、私にとって誠に苦労の多い、印象の強い期間だったといえる。大事件のあった日のことを「ロンゲスト・デイ」と表現するのが近頃のはやりであるが、この期間は、私にとっては実に長い期間、一年も二年も続いたように感じられる期間であった。出退勤の途中、毎日のように空襲にあい、さらに、いまの新大阪駅の付近でガード下に数十分間待避して附近の操車場への爆弾攻撃を避けたり、山崎付近で私の乗っていた列車が銃撃を受けるなど、生命の危険を感ずることも多々あったからであろう。

こういう状況の下で、八月十五日を迎えたのであるが、十二日には京都に原子爆弾の攻撃があるのではないかという情報が流れる一方、十二・三日頃から、私どもの耳にも、目下、和平交渉が進められているというわさが伝わってきた。大阪は政治情報ではいなかであるが、それでも、財務局にやってくる新聞記者諸君などによって、交渉の輪かくは時々伝えられた。十三日には、こちらは国体保持を条件としてポツダム宣言受諾の交渉をしているが、現在のところでは、成否は五分五分だということを聞いたが、あとから考えると、この情報は大体正確だったといえる。戦争はもういやであり、日本に勝つ見込みのないことは理性的にはよくわかっていたが、こういう情報を聞くにつけ、さて敗けるとなると、敗けたあとのことがよくわからないので不安が強く、むりとは知りつつ、なんとかはっきり敗けたということにならない形で収拾できないものかという希望的気持を強くいだいたことを覚えている。

近頃の人々の書いたものをみると、国民の大部分は何でもいいから戦争が終わることを望んでいたというようにされているのが多いが、内心はともかく、表面的にはこれは事実に反する。うわべだけかも知れないが、国民の士気はまだまだ衰えておらず、日記にも書いたように、むしろ対ソ戦争なお辞せずという気分が相当に強かったといえる。それだけに、ポツダム宣言の受諾とともに、国民の多くが反動的に虚脱感に襲われ、しばらくはものが考えられない状態になったのだと思う。

なお、日記に夕食に牛肉が出たことが出てくるが、これはおそらく、配給か何か、偶然のまわりあわせによるもので、家内が終戦の内祝いのつもりでむりして調達したものではなかったと記憶する。ふじまめは、わが家の庭の家庭菜園の産物であった。

〔はやし・しゅうぞう　元内閣法制局長官。一九一〇年―一九八九年〕

私の八月十五日

舟橋諄一

広島に原爆が投下されてから五、六日たったころのことである。私は、小倉あたりから博多へ向かう列車に乗った。二等車（今のグリーン車にあたる）も満席であった。いつも満席の折にするように、軍人を捜した。すると、一人いた。参謀の飾り紐を肩からぶらさげた陸軍少佐どののようである。当時、軍人はたいへん威張っていて、たいてい二人分の座席を一人占めにしていた。そこをねらって席を譲らせるわけである。隣りに座ってから、その軍人の、広島からの帰り道であることがわかった。広島の原爆のことを聞いたら、「相当強大な爆弾だが、たいしたことはない、たこつぼに入っておれば大丈夫だ」と答えた。当時、それが「原爆」であることを知っていたかどうか定かでないが、一般国民は、それがたいへんな爆弾であることは知っていた。軍のエリートとでもいうべき参謀将校が、こんな気安めしか言えないようでは、日本もいよいよダメだなあと、その時思った。

その後のある日——それがあとから考えると八月十五日であった——おひる少し前に登学しようとして九大法文学部本館の玄関前にさしかかると、玄関の外におおぜいの人が集まっていた。そして、入口の右側にある宿直室の窓から外側に向けて、古びたラジオが一つ置かれていた。玉音放送があるというのである。人々の間にまじって、それを聞いた。ラジオの悪いせいもあってか、雑音がひどくて聞き取れない。ただ、「忍びがたきを忍び」という文句だけがわかった。私は、それだけで、日本の敗戦を知った。

話は前にさかのぼるが、六月二十日の夜、福岡はひどい空襲に遭った。町から海が丸見えになるくらいに、見渡すかぎり一面の焼野原になった。私の家も焼けてしまった。私はあいにく不在であり、家族も逃げ廻るのが精一杯であったので、家財は何一つ持ち出せなかった。当時、私の父の家財も東京から運び込まれていたので、いわば親子二代の家財を失ったわけである。しかし、そんなことよりも、いちばんこたえたのは、研究資料の焼失である。仕事場を自宅にしていたので、手近に必要な専門の書籍や資料などは、全部書斎に置いてあった。とりわけ惜しかったのは、はじめ菊池勇夫君と、のちには大学院の学生たちといっしょに読み、後日邦訳するつもりで一杯書き込みをしてあった、エールリヒの「法社会学の基礎づけ」(Grundlegung der Soziologie des Recht)や、やはり菊池君、上原道一君(若くして世を去った当時九大講師か助教授の刑法学者)といっしょに、ロシア語の原本やそのドイツ語訳本と照し合わせながら読んで、毎ページ真っ赤になるほど補筆訂正した、パシュカーニス「法の一般理論とマルクス主義」の山之内一郎氏邦訳本(訳者の山之内氏に進呈するつもりでいたのだが……)や、その他、毎日曜の午前に菊池君の家に集まり、同君や高橋正雄君といっしょに勉強した経済学の古典書など、かずかずの思い出の本を焼いてしまったことである。

戦災に遭って住む場所がなくなったので、妻子は遠く北海道の親戚に疎開させ、私一人、大学の近くに下宿した。そして、一日の大部分を大学の研究室ですごした。といって、勉強していたわけでもない。一種の虚脱状態にあったのかもしれない。たった一つ、体操だけは熱心にやった。この身一つが、最後に自分に残されたものだと、痛感したからである。八月十五日が来たのは、このような状態の時である。元海軍大学の戦術の教官をしていた親戚の退役海軍少将は、開戦当初から日本の敗戦を予言していた。はじめは半信半疑で聞いていたが、しだいにそうかなあと思うようになり、八月十五日になって、当ったと思った（残念ながら本人は終戦を待たずに世を去った）。だから、敗戦の詔勅を聞いても、別に驚くことはなかった。ただ、ほっとしただけである。それに、今まで傍若無人に威張りくさっていた軍人どもが没落することは、ほんとうにうれしいことであった。

八月十五日を過ぎてから、米軍が大学のすぐ裏に進駐してきた。秋も深くなってきたある夜のことである。夜半の二時ごろ研究室を出て、下宿に帰ろうとした。すると、向うから酒気を帯びた米兵が一人やってきた。話しかけてきたので拙い英語で応待しているうち、何か気に障（さわ）ることがあったらしく、その男が突然殴りかかってきた。不意を突かれたせいもあったし、それに、何とはなしに、自分も日本国民の一人として非人道的な戦争の責任を負わなければならないというような気がし、ただ頭をかかえてうずくまったまま、殴るにまかせた。翌日になって食べ物を踏む時に痛みを感じた。病院で診てもらったら、あごの付け根の骨が折れて全治一か月かかるということであった。大学当局は、最も民主的な教授の一人が殴られたことは日本の民主化のためによくない、というような理屈をつけて、米軍に抗議をしてくれたらしい。そのせいかどうかは知らないが、間もなく米軍は、大学の裏から撤退した。誰よりも喜んだのは、近所に住む若い娘さんとその親たちであった。毎晩のように米兵から激しく戸を叩かれて困っていたからである。

ところが、もう一つその続きがある。右の事件からだいぶのちの、ある夕方、私は博多駅で乗車券を買おうとした。窓口に一人の米兵がいて、何か係員に聞いている。しばらく待ったが、いっこうに終りそうにない。そばに寄ってみると、まるで必要のない愚問を次から次へと出して、係員を困らせている。私は係員に頼んで隣りの別の窓口から乗車券を売ってもらうことにした。すると、何を思ってか、その米兵は、体をずらせてきて、その窓口をも塞ごうとする。元の窓口が空いたのでそちらに行こうとすると、また邪魔をする。こんなことを繰り返しているうち、すきを見て、私は、係員から乗車券を受取ってしまった。すると、米兵は、いきなり私の頭を殴ってきた。とっさに身を沈めたので、帽子だけが飛んだ。米兵と、にらみ合いになった。この前の事件が口惜しかったので、今度こそはやってやろうと、肚(はら)を決めた。しかし、相手は強そうだ、男の急所を蹴上げるよりほかはなかろう、と思った。駅のことだから、たちまち周りに人垣が出来、米兵は逃げ出した。見えを張って少しばかり追いかけてみたが、暗闇のなかに姿が消えてしまったので、今度はほんとうに怖くなって、追うのをやめた。——以上、つまらない武勇伝（？）ではあるが、占領当時の様子を偲ぶよすがにはなるであろう。軍人というものは、どこの国のものでも、似たようなものである。

＊　＊　＊

あの八月十五日をもって、戦争は終った。私は、ここで、その戦争中に生まれ、そして戦争とともに消え去った小著『民法典との訣別』について、一言触れておきたい。この本の構成について述べれば、第一部は、ナチス法学者シュレーゲルベルゲル博士がハイデルベルグ大学で行なった講演を内容とする、『民法典との訣別』と題する小冊子の邦訳であり、当時流行した「民法よ、さようなら」論の原典ともいうべきものである。第二部（「民法典との訣別」論について）は、ナチス法学者の右の論述を批判し、よって、民法ないし民法原理の本質とその変遷の理論を明らかにしようとしたものである。いいかえると、ナチス法学者の神がかり的表現にかかわらず、その説くところの実質は、自由主義経済から独占ないし統制経済への移行に伴う、民法の機能変化を、指すにすぎないことを、論証しようと試みたのである。また、第三部（附録、レンホフ教授の私法変遷論）は、ウィーン大学のレンホフ教授の「私法の変遷」なる論文に盛られた豊富な資料を利用して、経済の独占段階における私法の変遷の実態を明らかにしようとしたものである。――以上がこの本の構成であるが、実をいうと、初めの考えでは、本書を「私法の変遷」と題して、右の第二部と第三部を中心に置き、第一、部は附録として附け加えるつもりでいた。しかし、このような構成では、用紙と印刷と出版が大幅に統制され、検閲のきびしい戦時下で公刊することは不可能であったので、やむなくナチス法学者の論文を表看板にせざるをえなかったのである。しかし、譲歩はそれだけにとどまり、その内容について、いささかも当時の時勢に迎合しなかったことは、いまだに誇りに思っている。ただ、残念なのは、終戦の年の正月前後にやっと本が出来上ったため、輸送の途中空襲でやられたりして行方不明になるものが多く、ほとんど配給のルートに乗らずに消えてしまったことである。当時私の手に入ったのは、当時九大の総長であった百武源吾海軍大将の秘書をしていた私の教え子が、総長のお伴をして上京したさい、飛行機に載せて持ち帰ってくれた、わずか二十冊だけであった。

いま、幻の本となった小著を偲びながら、あのような八月十五日の再び来ないことを、心から祈っている。

〔ふなばし・じゅんいち　九大名誉教授・弁護士。一九〇〇年―一九九六年〕

私にとって敗戦は虚脱からの解放であったが、独立回復後の日本の法学界はふたたび私を虚脱状態に陥れた

沼　正也

＊　＊　＊

「私の八月十五日」は、一介のサラリーマンがある日突然その職場で玉音放送を聴くという平凡な生活環境下において迎えたものであった。異境の前線で迎えたのでもなければ、捕虜収容所にやがては収容されるというような後日譚もない。とても話の種にしえようもないものであった。敗戦を堅く信じ、その到来に万歳を唱えたというような主観的な先見の明も持ち合わせなかった。ラジオの受信状態が悪く玉音が国民になにを訴えたのかはっきりせず、朕とともに生死をともにせよと事実を反対に受け取るような悲・喜劇に引きずり込まされることもなかった。玉音放送のお膝元東京での職場のラジオの精能は最大限によく調整せられていて、頭を垂れて聴きつつなんぴとにも誤解を生ぜしめなかった。天皇の声

を聴くということは――ラジオをとおしてとはいえ――聴者すべてが生まれて始めての体験であった。その音声を聴くのだから、頭を垂れて聴くのが当然だったのである。天皇みずからが重大放送をされるということだけが知らされ、敗戦の告知という触れ込みまではなかった。敗戦を悲しんで頭を垂れたのでもなければ、それを喜んで頭を垂れたのでもなかった。聴き終わって、私は悲しみも喜びもいずれも感じなかった。同じスピーカーのまえに起立していた四、五〇名ほどの同僚も、同じだったに違いない。だれも、一言も発しないで時がすぎた。ながいながい『しじま』という表現がピッタリであった。一語二語の間に一オクターブ以上の開きの頻出する玉音の抑揚のみが妙に脳裏に刻みつけられ、じぶんの頭のなかでその一節を再生してみようとずいぶん努力したが、そのまねはついに成らなかったという妙な思い出のみがいまに新鮮によみがえってくる。

＊　＊　＊

学徒動員の始まる少しまえに大学を出た私は、いまは存在しない「恩給金庫」という恩給担保金融を主業務とする恩給受給者の福祉機関に糊口の道を求めていた。大学卒業後も学業を続ける願いは、絶ちがたいものであった。旧制高校にまでさかのぼるといってよいかと思うが、いつの日のことか私は『市民社会』に憑かれた男になっていた（つぎの頁の写真は、じぶんの旧制高校生時代のある日実姉を訪ねたさい一、二歳のめいとともに撮られたものであるが、そのころすでにそのような男になっていた）。市民社会を

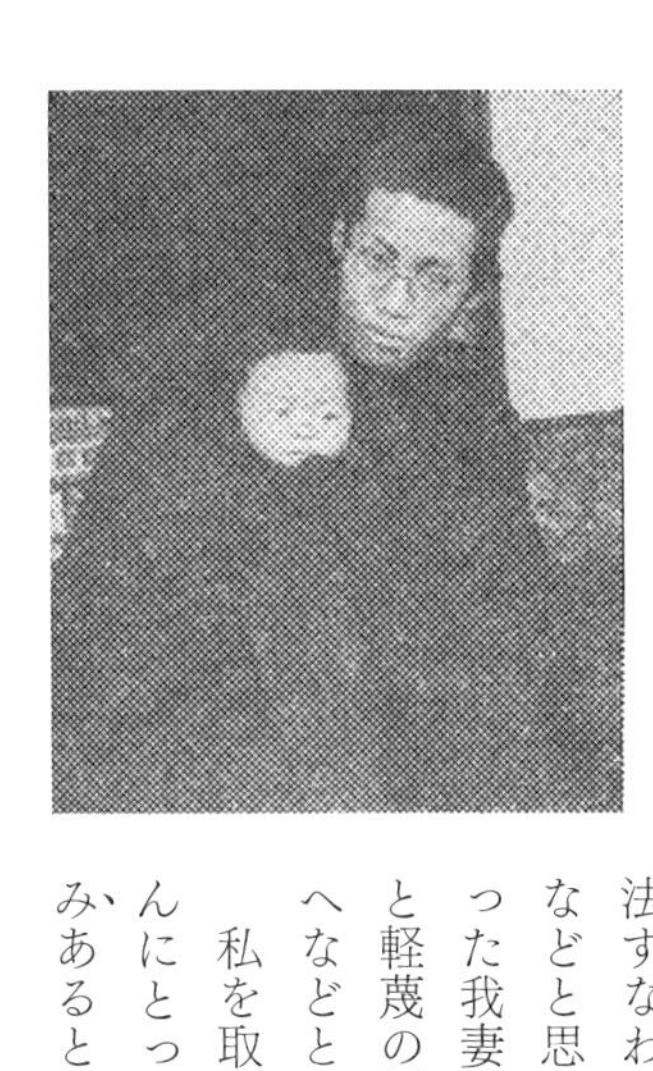

歴史的封建社会の理念的対立物として私は捉え、いまに変わらない。市民社会の法の対蹠二元的論理構造はなにから学び取ったのかは不明であり、右の写真を目のまえにして思い起こしてみるとき、そのころは、つゆかけらもその発想にはいたっていなかったように思う。それから年余にして大学に入学しているのだが、大学に入学して半年を経ないころにはなお朦朧としたものではありながらも、すでに目鼻だけは整ったものになっていたことだけははっきりいえる。市民社会の舞台上・舞台裏、その舞台裏の法に対する扶養法というじぶん勝手な命名なども、ほぼそのころになされたものであった（この間の詳細ないきさつについては、沼正也著作集18「Dům Pampelišek にて」九九頁以下を参照されたい）。当時の官僚法学者たちの理解には、私の聴講し読書したかぎりにおいては『国民』の名のみが存在して『市民』という概念は不存在ないしそれに近い状態のものであった。市民革命を経ずして成立したわが市民社会の法すなわち民法典には血の臭いはせずにインクの臭いばかりがするなどと思い怪訝にさえ感じた。当時民法学のバイブルの誉れの高かった我妻栄氏の諸著作でさえ、早くもその劈頭の部分で私には失望と軽蔑の対象にしかならなかった。個人主義民法から団体主義民法へなどという揚言には、私はなにかそらおそろしいものさえ感じた。

私を取り巻くこんな学問環境からの反射作用によるものか、じぶんにとっては『国民』という自覚は年とともに衰え、『市民』でのみあるという願いというか世界観というか――口にだしてはだれにもいえないそんな信念の持ち主となっていきつつあった。このことをはっきり口にだしていえるようになったのは、老齢ようやく迫ったきのうきょうである。私にこうまではっきりいわしめるにいたったのは、ひたすらに日本国家の一方的責任である。

『ぼくは、この国家に身を置かせてもらっているのではない。ぼくは、ここで生まれたからここに生を亨けているのだ。国民と市民との自同化にいつまでも目をつぶって平然としているこの国の権力者たち、御用法学者たちとのパイプの裂け目はもう修復のくふうのしようもない。』

私たちの学生のころは、任意の有力な教授にコネをつければ数年の私的労力奉仕という年期を入れることによってなんとか教職にありつけるというのが知る人のみ知るという盲点であった。そうしておどろくべきことに官僚法学界にあっては、いまにいたるまでそうなのだ！　そうした力のある官僚法学者たちに心温きよき師という評価が官僚法学の畑のがわから加えられている反対称として、市民社会法学の学徒ないしは私学の学究が教職に就きうる機会は相関的必然において大幅に失わしめられていることから、官僚法学者たちはあえて目をそむけている。私もその犠牲者の一人として、老齢に達したこんにちなお法学界におけるこれらの権力に抵抗している第一人者だと自負している。官僚法学界から八分を絶たれて、二分で生きているのである。『おまえ、まだ生きていたのか。』などといまは亡きさる高名な官僚法学者から面と向かっていわれたことがあるが、そのときどっこい生きていますよ！　といい返えして遣りたい衝動を感じつつも口にはだしていわなかった。心のなかでは、いまでもいい続けているのだ。

恩給金庫などという、妙な職場に勤めたのはみずから選択してのことであった。そうして、首尾よく入社が適えられたのだ。当時のこの国で市民社会法の研究などできようはずがなく、封建制度の不可避な崩壊と正比例して成立せざるをえないであろうと仮説したこの国の恩給制度を含め広く公扶養の歴史研究に生涯の生活の糧と余暇とを楽しめることをねらってのことであった。

ところが、右の恩給金庫に入社してみると、こと志と反してあてがわれた仕事は経理事務だった。持ったこともない算盤を弾いて本支店の日計表の集計ないし総勘定元帳等の記帳がわが仕事であった。その当初、私は銀行簿記や会計学などという学問領域のあることさえ知らずにいて戸惑い、そんな仕事をさせられる不遇をかこった。しかし、それは束の間のことであった。私はこの仕事・この学問の世界が貸方・借方の勘定のバランスがパチリと見合いその不符合を絶対に許さない構造に目をみはった。このシンメトリーこそ、私は法学の世界に追い求めつつ、ついに尋ね当てえなかった青い鳥ではなかったのか。我妻法学や中川法学などにはみじんもない、近代の学問じたいのこの共通の基礎を私にいやというほどたたき込んだのは、このときの簿記学や会計学の研究の賜物であった。私はのちに調査事務に回されれ、幸いにして江戸末期いらいの恩給等公扶養の法令や諸資料収集の仕事を調査対象にして精力をそそぐことができた。

その間、二回にわたってかの赤紙一枚でいやおういわせぬ兵隊に引っ張り出された。戦争を憎むまえに、こうした徴兵制度への憎しみのほうがどれほど強かったことか（いまでは、無定量な納税義務が私をして国家権力への憎悪をかり立たしめている。私のいう『保護法の理論』に支えられた市民社会の共益費と保護費の強制賦課までをも否認するものではない)。蔵書や書き溜めた原稿のほとんどすべては、戦禍で失われ、そのあげくに敗戦を迎えたのであった。撤収に継ぐ撤収を同僚の一人は『伸びんとする者はまず縮め』のことわざを盾にして、私に議論をしかけてきた。『バネが腐っていたのでは縮んだままで伸びないよ』というのが私の反論であったが、どんなふうにして戦争が終わるのかは私には見当がつかず、無条件降服後も、どんなふうに連合国がわが日本を料理するのか、多くの法学者たちがその後回顧しているようには私にはなにも分からなかった。その後の世界の情勢の変化に伴うアメリカがわの対日政策の変動による法制度のバランスなどまったく予見できず、爾後に——しかもずっと時が移ったのちに初めてなるほどなるほどとこの対日政策のバランスシートの動きを読み取りえたに止まった。

新憲法の定立・民法の大改正等について司令部がわがその基本方針を日本の当局に授け、この国の官僚法学者がわれ勝ちにそれに基づく立法事業のバスに乗り遅れまいとするあさましいさまは目と耳とでわきまえた。あんな連中になにほどのことができるものかというのが、私の負け惜しみでない心境であった。司令部にも私はなにも期待ず、一市民として好きなことをしながら生を終えられそうな雰囲気を感じ取って、その意味で敗戦はぼくを虚脱状態から解放してくれたのだった。

＊　＊　＊

さて、話を玉音放送に直後する私の日々の生活行動に戻ってこの回顧の稿のむすびをつけよう。こんなおろかな国からのわが主観的独立は、『軍隊手帳』をひっちゃぶることによって始められた。

案の定、日本国憲法・改正民法典等々が成ったのちこの国の法学者たちのなしえたことといったら、これら諸法令の追蹤的謳歌や家族制度廃止に伴う核家族のあり方についてのおびただしい啓蒙的文章の集積に止まった。私はこれらの新法令のなかに、世の学者のつねならぬ発想の次元できらめく珠玉の条文を一つ二つと発見していってひとり嘆賞していた。なかんずく新憲法第一〇章『最高法規』の条文配列には、とくに深い感動を受けた。その冒頭第九七条で新生日本国が基本的人権のおごそかな宣言をしていること等々においてこの嘆賞はきわまった（しかし、悲しいかな！　連合国がわのこの立法配慮にわが法学者のほとんどなんぴともが当初その真意を理解しえなかった）。

玉音放送の日の勤めの帰りにも私は古本屋を見て回って、居候先の父の家に戻った。そのご、日本の法律文献は捨て値で古本屋の店先に氾濫した。私は、戦災で失った資料に重点をおきそれを越えて資金の許すかぎり広範にひたすらなる収集に精をだした。面白いほど、文献は集まった。

超貴重なものはアメリカがわに買い占められてしまって後手に回ることが多く、いまに悔しさがさきに立つ。

日本の私法学にあいそをつかし、わがお出ましの番が遣ってきたと決め込んで民法学の教員に転向したのは、昭和二五、六年になってからであった。当初は猫を被っておとなしく官僚法学の亜流物を書いた（そのデビュー作は、紙型を再興してさいきんに出した沼正也著作集1「親族法の総論的構造〔新版〕」の最末尾に新たに加えておいた）。

平和条約の発効とともに、わが官僚法学者の多くはふたたび御用法学者に戻っていった。市民革命も裁判革命も経ないままのこの国の法学界ないし法曹界は沈滞の底に深く深く沈んでいくばかり。わが学生時代における虚脱状態はこうしてわが身に再来し、二分(にぶ)の生活に戻ってもう久しい。

——一九七六・六・二二——

〔ぬま・せいや　中央大学教授。一九一四年—二〇〇八年〕

解説

「統制」と「調査」

――内地の司法官・「外地」の法学者にとっての「八月十五日」

出口雄一

一　はじめに

この解説では[1]、本書に収められたエッセイのうち、日本本土、すなわち内地で法律実務に従事していた司法官のものと、「外地」から敗戦前後に内地に引き揚げて来た法学者のものを中心に取り上げ、彼らをとりまく背景事情について若干の解説を試みる。以下に示すように、この両者の間には、「八月十五日」についての「断絶」と「連続」の複雑な位相が際立って現れている。

司法官として敗戦を迎えた者たちの「八月十五日」についてのエッセイは、敗戦という衝撃よりも、戦時下から占領管理体制下にかけて――無論、経済統制の実施に伴う取扱事件の質の変化や、空襲によ り物理的な制約が生じてはいるものの――ほぼ途切れることなく裁判が実施されていた「日常」が、ある意味淡々と叙述される。凄惨な地上戦を経てアメリカ軍による直接軍政下に置かれた沖縄を例外として、日本本土は連合国軍による間接統治が行われたことが、この「連続」を担保していたことは言うまでもない。例えば、「戦争がいよいよ終わったというほっとした感が一番強かった」とこの日を振り返る村松俊夫（東京控訴院判事）は、三月一〇日の東京大空襲により建物と併せて訴訟記録が焼失したため「仕事らしい仕事もない」が、所長からは「今みんなは役所に来ること自体が義務なのだと強く言われた」と回顧し、敗戦後は「焼けなかった手控えから記録の手がかりになるようなものを再生していたが、他に殆ど仕事はなく、勉強する人々は集まってドイツの本などを読んでいた」と述べている【村松】。ある意味平穏なこの「連続」は、しかし、村松にとっては「全く生き甲斐のない日日(ママ)であった」という[2]。

「忠良ナル爾臣民」に対してポツダム宣言を受諾したことを告げる昭和天皇の肉声は、内地に留まらず、ラジオを通じて同じ「八月十五日」に「帝国秩序」全域に伝えられた。京城（現ソウル）の自宅で「茶の間に二人の子供を集めて一家で放送を聞いた」という鵜飼信成（京城帝国大学法文学部教授）[3]は、ラジオが「海峡を渡って来る電波をうまくキャッチしているのに感心」する一方で、放送が終わると「やっぱりそうか、それでどうすればいいのだろうかと思った」と述べる【鵜飼】。しかし、「帝国秩序」の解体に伴い、「外地」においては内地よりもはるかに峻厳な「断絶」が人々を襲うこととなった。ミズーリ号において行われた日本本土における降伏文書の調印は九月二日であったが、南朝鮮における降伏文書の調印は、ソ連軍の南進に対応して慌ただしく実施されたアメリカ軍の軍事占領下で、アメリカ太平洋陸軍第24軍司令官ホッジらと朝鮮総督阿部信行らとの間で九月九日に行われた[4]。「アメリカの朝鮮占領は、日本人は全部displaced personsとなり、手にもてるだけの物をもって内地へ送還されるという手厳しいものであった」と述べる鵜飼は、それでも、「北鮮以北の引揚者に比べれば、私たちはまだよかった」と回顧する【鵜飼】[5]。実際、ハルピンで「終戦の玉詔」に接した福島正夫（関東軍第四軍司令部勤務）は、一九四七（昭和二二）年一一月に帰国するまで二年余りを収容所で過ごすことになるが、興味深いことに福島はこの経験を「私にとって平和と社会主義のささやかな実務体験にとり出発点となった」と述べる【福島】。

一方、日本本土における降伏文書調印後は中国戦区として扱われることとなった台湾では、台湾省行政長官陳儀と台湾総督安藤利吉との間で一〇月二五日に「受降式」が行われた[6]が、鵜飼と同様に「外地」の法学者であった植松正（台北帝国大学教授・海軍技術研究所内戦争心理対策委員会委員）と中村哲（台北帝国大学教授）は、いずれも「八月十五日」よりも前に内地に帰還している。しかしその過程で植松は、後述のように別途帰国させていた家族を帰途で失って「漫然と八月一五日を迎え」【植松】[7]、中村もまた、身重の妻が引き揚げ船内でデング熱に罹患して東京で母子ともに亡くなるという体験を経て[8]、「戦争によって直接に、間接に去っていった肉身及び身内の人々のなかで、自分だけが生きのびたことを改めてさびしく思った」と回顧する【中村】[9]。「帝国秩序」の解体は、「外地」にいた人々のその後の運命に不可逆な刻印を与えたが、法学者も勿論その例外ではなかったのである（なお、鵜飼信成・中村哲の知的営為については、本書の西村解説を参照されたい）。

二　司法官の戦時と戦後

一九三七（昭和一二）年の日中戦争勃発以降、総力戦体制の維持に必要な経済統制を敷くための法的措置がとられたが[10]、浦辺衛（大阪地方裁判所判事・経済事務室勤務）が述べるように「わが国の戦時統制経済は、国家総動員法を頂点とする多数の統制法規によって実施」されており、その円滑な運用のためには「複雑多数にわたる統制法規の調査研究」が必要不可欠であった【浦辺】。浦辺が属した大阪地裁の若手裁判官の集まりである「青々会」の共同研究の成果をまとめた書籍の「はしがき」においては、「大阪と云へば日本産業経済の中心であり、業界取引の最も盛に行はるゝ土地柄であつて、実際問題としては、統制経済をめぐつて、各方面に各種の民事上の紛争が醸成せられて居るであらうことは、もとより想像に難くないところであるに拘らず、之が民事裁判上の問題として、姿を顕はして来ることの未だ極めあ（ママ）稀有である」ことの原因の一つとして、「この経済の企構なり運営なりが、未だ十分に、一般社会に、法律的に咀嚼し消化せられて居ないといふこと」があり、「法規それ自体が極めて複雑多岐であり、不整頓であり、極言すれば立法としては不完全、未熟の域を脱しない」旨が指摘されている。このことは、経済統制法令違反が「全く新しい法律の分野であつて、在来の法律観念とどう結び付くか民法商法の基礎観念をいかに之に応用してよいか」が明らかでないという指摘と併せて[11]、利谷信義が戦時下の法学の特色として批判的に言及した「解説法学」の内実を伝えるものであろう[12]。

この共同研究において浦辺は「酒造組合長の実績譲渡承認と司法裁判所の管轄権」を執筆している。酒造配分石数の譲渡につき「単ナル私法上の行為ニ非スシテ認可ノ性質ヲ有スル行政行為」であるから「司法裁判所の保護ヲ求ムルコトヲ得サルモノトス」とした横浜地方裁判所の判決に対して、浦辺は「本判決の論旨には統制の目的を強調するの余り統制を以て直に国家的統制なりとし、統制目的達成の為めの行為は凡て公法的行為なるが故に民事裁判の対象になり得ぬとする安易な形式論理的推理があるといはねばならない」と批判し、「我国の統制はなほ私有財産制度を認むる点にその限界を示すのであるから、戦時統制下に於いても国民の経済生活の能ふ限り広い部面に対して民事的救済を与へ、以て私法秩序を維持し法の安定を図らうといふ立場に立つ」以上は司法裁判所による救済を認めるべきであったと主張する[13]。周知のように、日本国憲法により行政裁判所が廃止され、行政事件も通常の裁判所が管轄することとなったが、浦辺はこれを「今昔の感を禁じえない」と述べている【浦辺】[14]。

敗戦後も経済統制は継続することとなるが、食糧事情の悪化に伴う一九四六（昭和二一）年二月の食糧管理法施行規則の改正によって、正規のルートに依らずに米麦等を輸送したり、輸送の委託や受託を行ったりすることが禁止されたことから、一般消費者が多く検挙されるようになった[15]。そのような中、一九四七（昭和二二）年一〇月に山口良忠東京区裁判所判事が栄養失調で死去したことが新聞で報じられ、大きな反響を呼ぶことになる。当時、東京区裁判所の経済事件を担当していた熊谷弘（東京地方裁判所民事刑事裁判所判事、経済事務室勤務）は、「同じ経済係り（ママ）判事として、一緒に宿直をしたことがあったが、その頃私は、栄養不足の為に、身体の調子が悪くなり始めていて、同判事にその事を話したところ、同判事もやはり調子が悪いと言っていたことを記憶している」と回顧している[16]。同年五月に創立された司法研修所教官となった村松俊夫が山口判事の死去と関連付けて振り返るように、敗戦直後の司法官は「闇物資は出廻っていたが職業上そういろいろの拘束を受けた」のであり、司法研修所の修習生も「役所の寮だから闇ができないから、配給の食料が少なく勉強ができるような状態ではない」というのが実情であった【村松】。なお、山口判事に留まらず、類似の事件は全国各地で発生していたが、裁判所法の制定と併せて制定された裁判官の報酬等の応急的措置に関する法律を経て、一九四八（昭和二三）年に制定された裁判官の報酬等に関する法律の検討が行われる過程で関連報道が収集され、これらの悲劇は裁判官の待遇改善に一定程度の影響を与えた[17]。

さて、ここまで述べてきたような司法官の営為の「連続性」は、大日本帝国憲法から日本国憲法へと憲法秩序が転換したこととの整合性を担保出来るのか。熊谷弘は「裁判官の行う仕事が、事実の認定を行ない、これに法令を適用して、社会正義を実現することであるのは「天皇の名において」行われた時と「国民の名において」行われる時とで異なるわけではない」として、「主権者が変わったからとて辞任をする必要性は全くない」と述べる【熊谷】。制度的にも、「アメリカの初期の対日方針」及び「初期の基本的指令」を踏まえてGHQ／SCAP（連合国最高司令官総司令部）において公職追放の検討がなされた初期の段階では、近く実施が予定されていた衆議院議員総選挙を踏まえて徹底した非軍事化と民主化を進める必要があるとの立場をとる民政局において、奏任官以上の官位を有する文官を審査対象である「公職」に含め、在位期間も一九三〇（昭和五）年一月からという長期間を設定した案が作成された。しかしこの厳罰方針については参謀第二部から批判が加えられ、追放対象となる文官は限られた省庁の勅任官以上であった者となり、在位期間も一九三七（昭和一二）年七月からと短縮されたことで、司法省関係で追放対象となったのは思想検察関係者を中心とする三七名にとどまった。[18]

しかし、この問いが司法官たちを深く悩ませたことは、一九五五（昭和三〇）年に『ジュリスト』誌上に掲載された「日本の裁判官」と題する座談会から読み取ることができる。東京地方裁判所判事を中心として行われたこの座談会の席上では、戦前は天皇に対して尽くされていた忠誠が国民に対するものに変わったことについてどう考えるべきか、という論点につき、「裁判官は何に一番忠誠でなければならぬかというと、やはり法律」であり「このことは旧憲法時代も、新憲法になってからも変りないと思う」と述べる岸盛一に対して、「日本は生れかわった、この新しい時代においては従来の裁判官はみなやめたらどうか、そうすべきだ」という意見に接したという新村義広は、戦前に「天皇を頂点とする官僚組織の中におかれ、そこで育ち、官僚精神を身につけて」おり、「官僚精神の中には人権への感覚が欠けている」以上は、自分を含めた裁判官は「人権擁護を大使命とする、新時代の裁判官には適しないのじゃないか」と真剣に自問した旨を告白している。[19]

この問題は、後に青木英五郎によって「裁判官の戦争責任」として正面から取り上げられ、「人が裁判官であることによって、戦争に協力したために負わなければならない責任」であり「直接に人間の自由と尊厳とに対して侵害を加え、それによって戦争に協力したと否とにかかわらない」ものとして、強く非難されることになる。[20] ただし、日本における裁判官の戦争責任追及の不徹底と比べて、「敗戦後のドイツにおいては、〝血の司法〟といわれたナチスの裁判の協力者に対して、他の公務員とは比較にならぬほど、徹底的な清掃が行われた、といわれている」という青木の評価には[21]、やや誇張がある。周知のように、連合国四か国によって分割される形で占領管理が実施されたドイツにおいては、「司法の非ナチ化」についても各占領地域によって実施方法は異なったが、ソ連占領地区ないし東ドイツ地域においては「反ファシズム」の観点から徹底して非ナチ化が行われ、ナチ時代の司法官が職を追われた一方、西側占領地区ないし西ドイツ地域においてはその実施は徹底せず、「ナチ時代の裁判官や検察官の多くが居座り、しかも司法殺人を初めとした司法犯罪に関係した裁判官や検察官もまたその大部分が起訴されず、仮に起訴されたとしてもその多くが、結局、有罪にはならなかった」というのが実態であった[22]。

三 「慣行調査」と「赤軍」へのまなざし

一九三九(昭和一四)年から一九四四(昭和一九)年にかけて実施された「華北農村慣行調査」は、戦後日本社会において「戦前」との断絶を強く志向する「戦後法学」の主要な「領域」となった法社会学において[23]、その理論的前提を準備した営為として知られている。明治初年から半ばにかけての法典編纂にあたっては「自国の慣習に対しては自覚を伴った無視の姿勢を示した」にも拘らず[24]、「帝国秩序」の拡張に伴って「外地」において広く実施された「慣行調査」は、非対称的な植民地統治を実施するための素材提供という側面を強く持っていたという点で、その評価には一定の留保が必要であろう[25]。考古学者の江上波夫の誘いでモンゴルにおける慣行調査に夫婦で従事し、二年間の抑留を経験した磯野誠一（西北研究所研究員）は、その過程で「自国語を知らない朝鮮出身の少年と押入れの中で十数日を共に過ごし、自らの民族の言葉を学ぶ機会をも奪う植民地支配の罪悪の深さにおののいた」と回顧し、「私の遊牧社会の法慣習調査が軍や占領政策とは直接関係のない不要、不急のものであったにしても、日本の中国侵略の上にはじめて成りたっていたもので、自分の手の汚れを再認識させられた。この負い目を忘れることは許されない」と心情を吐露する【磯野】。しかし、「調査」という方法は、「権力型」のものであるがゆえの限界があることを踏まえた上でもなお[26]、社会と乖離した法学のあり方に物足りなさを覚え、その乖離を実践により埋めようとする若き法学徒たちを強く惹きつけた。東京帝国大学法学部に学び、東大セツルメントに参加していた福島正夫は、一九三九（昭和一四）年に東亜研究所で華北農村慣行調査事業が開始されるにあたって「ここに旧セツル法相部残党が集まったという事実がある」と述べる[27]。なお、同じく東京帝国大学法学部に学び、セツルメントの参加者でもあった磯野は「ぼくはまだみそっかすだからそれに参加できなかった」として、二回目の慣行調査のための出張後応召した福島を「御茶の水のアパートからお送りした」と回顧している[28]。

応召後法務官として関東軍に務めた福島は、上述のようにハルピンで「八月十五日」を迎えてそのまま抑留されたが、学生時代から「ソビエト法に対する関心」が「非常にあった」こともあり[29]、「ソ連をじかにみ、しかもラポータ〔労働〕や作業への往復などで民衆と接触する機も時にはあり、彼らの気持もうかがえた。コルホーズやレスホーズでの作業も、応召前、本で制度を知っただけの私には、深い興味がもたれ、少しも帰心矢のごとくではない」と抑留の経験を回顧する【福島】[30]。華北農村慣行調査の頃から育まれた福島の「調査」への意欲は、「謎の国ソ連に足を入れた機会にぜひ何か摑んで帰りたいという気持ちもまた一般的であった」と述べるような姿勢につながっていったようであり[31]、帰国後にその経験はソ連や中国を対象とする社会主義法研究へと結実していくことになる[32]。

大興安嶺の山中で「八月十五日」を迎えた磯野もまた、一九四五（昭和二〇）年七月中旬に内モンゴルの貝子廟に入ってから一〇月二〇日にウランバートルに到着するまでの道のりについて、途中で日本軍特務機関員と誤認されて「いつ処刑されるのかとの不安におびえる何日かを過ごし」、後ろ手に縛られて「下士官のピストルが首すじにあてがわれ、歩みをとめることが許されなかった」という状態で「約百数十キロの道の大部分を手が不自由なままに歩いた」という過酷な体験を経ていたにもかかわらず【磯野】、「二カ月以上も続いた無理な生活で疲労の極にあった」としながらも、その道程を「針葉樹の森林、清潔な感じのする草原、ところどころに配した岩、真白な羊群、遠くゆるやかに流れている川。あんなに雄大で美しい公園はそうはないだろう」と極めて冷静に記録している[33]。それでは、そのような磯野にとって「赤軍」はどのように映ったか。磯野はエッセイの最後に「停滞した社会と革命を経た社会とを比較対照することができて、社会が進むべき方向を確認する機会を得た」と述べ【磯野】、別の文章ではこの点を「封建社会にとどまっていた内蒙」と、一九二四（大正一三）年のモンゴル人民共和国成立により「二十年余前に革命を経験した外蒙」とを比較する機会であったとして、「この国の科学、技術、教育が世界のふつうの水準から見てだいぶおくれているのは事実ですが、がんらい世界の文明国と比較するのが誤りで、内蒙なり過去の外蒙なりと比較して、初めて革命の意義と人民共和国の発展の真価がわかると思います」と敷衍している[34]。その一方で、本書のエッセイの中では「百数十キロの道をソビエト軍と共に歩きながら見る彼らの行動は、軍紀厳正とは思えず、戦前社会科学を学んだ者の多くが持っていた赤軍のイメージとはちがうものであった」と回顧する磯野の「赤軍体験」は【磯野】、福島のものとはやや異なる像を結んでいるようであり、戦後の両者のマルクス主義への距離感も考え合わせるならば、安易な単純化を許さない。

四　おわりに

この解説で取り扱った内地の司法官と「外地」の法学者の両方の履歴を備えた人物として、台北帝国大学において植松正の前任者であった安平政吉が挙げられる[35]。安平は一九四〇（昭和一五）年に内地に戻って東京控訴院判事となり、一九四三（昭和一八）年に『台湾刑事法ノ研究』により東京帝国大学法学部から学位を得ているが、その執筆にあたっては「児玉総督、後藤新平民政長官の時代、かの岡松参太郎博士を主任とし、織田萬博士、石坂音四郎教授等によって編集された厖大な「台湾旧慣調査報告書」が大変に役に立った」として、これを手がかりに「台北州のタイヤル族、新竹州のサイセット族、台中州のツオウ族、台湾南部のパイワン族、中央山脈に住むプヌン族、花連港附近のアミ族、台東から海上四十五哩を離れた火焼島に住むヤミ族における主として犯罪、刑罰における旧慣習を調べた」旨を回顧する。[36] 安平が言及する岡松参太郎が主導した台湾における「慣行調査」については、同じ台北帝国大学の中村哲も——もっぱら植民地法制を相対化する観点から——着目するところであった。[37]

安平は一九四五（昭和二〇）年一月に大審院代理判事となり、敗戦を挟んだ翌年三月に大審院検事に転じているが、その過程で上述の公職追放問題に逢着する。先に言及した『台湾刑事法ノ研究』や、「文字の類似から読みまちがえられて「国体主義」ないし「全体主義」にとられたならば万事はおしまい」であった『団体主義の刑法理論』（一九三五年）に加えて、[38] 東京帝国大学で師事した小野清一郎が中核的な役割を果たした日本法理研究会の構成員として、[39]「我が国の法律は、道義実践の一面であり、御稜威の下に、臣民各自が皇運を扶翼し奉り、国家社会に奉仕し、互に他と和合して、各自の負担する任務を無限に遂行し、以て人位を向上せしむる位置手段に他なら」ないと述べるに至っていた安平は、[40] 追放について「すでに覚悟はしていました」と述べる。しかし、安平の周囲では結局当時の検事総長木村篤太郎と次長検事の池田克以外は追放対象とならず、安平自身も日本国憲法の施行に伴う改組に伴ってそのまま最高検察庁検事となり、定年まで検事畑を歩いた。[41]

さて、安平の後任として台北帝国大学に赴任した植松正は「緒戦の景気では、一両年ならずして台北は大日本帝国の中心となり、期せずして南方に自分の学問も活動領域を拡めねばならぬかと思」ってオランダ語やスペイン語を学び始めたが「やっとやさしいオランダ語の原書の一冊を読み上げたばかりで、「無条件降服（ママ）」が来た」という。[42] 植松は、「昭和一九年末から二〇年初頭のころ」に台湾においても開始された竹槍訓練に際して、その中心的な役割を果たしていた医学部の某教授の婦人が「これは本島人の反乱に立ち向かうためのものであります。いざというとき、本島人の向背は分かりません。そのときに、これがものを言うのです」と述べたと聞き、「外敵に攻め込まれて日本の敗色が濃くなったとき、本島人がどこまで日本の味方になってくれるかは大いに疑問としなければならなかったのは当然のことであった」と回顧する。(43)「外地」における戸籍制度と連動して台湾において設けられた「本島人」という取り扱いが、植民地統治における非対称性を体現するものであったことは言うまでもない。(44)植松は当時の軍司令官に宛てて「八畳の間に対角線を引くように置いてみると、部屋のちょうど端から端までの長さ」にもなる「建白書」を認め、妻に対して「僕が万一憲兵に捕らえられて投獄されるようなことにでもなったら、お前は何としてでも東京に帰り着き、大本営に訴えて出るようにしてくれ」と伝えた。後に植松は台湾総督の安藤利吉と面談し、大学内での学生の竹槍訓練は行われなくなったという。(45)しかし同年三月一七日に植松は、アメリカ軍の侵攻を予測して先に内地へと送り出した「妻と九歳を頭とする一男一女とを東支那海で失った」のである【植松】。

(1) 本稿では、本書に収められたエッセイの執筆者の初出時には（ ）を付して一九四五年八月十五日当時の肩書を記し、文中の収録エッセイへの言及には【 】を付した。文中の〔 〕は筆者による補記を示す。
(2) 村松俊夫「裁判官生活四〇年（1）」判例時報四八七号（一九六七年）六頁。
(3) 京城帝国大学時代の鵜飼については、長沢一恵「戦前期における法学者・鵜飼信成の法学研究についての一考察——資本主義発達期の社会をめぐる政治と法の問題を中心に」松田利彦編『植民地帝国日本における知と権力』（思文閣出版、二〇一九年）五八七頁以下を参照。

(4) 李圭泰『米ソの朝鮮占領政策と南北分断体制の形成過程』(信山社、一九九七年)一三九頁以下。鵜飼は九月八日としているが、これはおそらく記憶違いによるものと思われる。
(5) 「鵜飼信成先生に聞く」American studies in Japan oral history series 一六号(一九八三年)一二頁以下も参照。
(6) 戴天昭『台湾法的地位の史的研究』(行人社、二〇〇五年)一三六頁以下。
(7) なお、村井敏邦「心理学と刑法学との交錯——植松正先生の人と学問」一橋論叢六二巻四号(一九六九年)三四七頁以下を参照。
(8) 飯田泰三「中村哲の生涯と学問」同『戦後精神の光芒——丸山眞男と藤田省三を読むために』(みすず書房、二〇〇六年)八九頁。台北帝国大学時代の中村については、苅部直「『始原』と植民地の政治学——一九四〇年代の中村哲」酒井哲哉編『岩波講座 「帝国」日本の学知(1)「帝国」編成の系譜』(岩波書店、二〇〇六年)二三一頁以下を参照。
(9) 加藤聖文『海外引揚の研究——忘却された「大日本帝国」』(岩波書店、二〇二〇年)。
(10) 詳しくは、拙稿「戦時経済統制と「解説法学」」伊藤孝夫編『経済法の歴史(日本近代法史の探求2)』(勁草書房、二〇二〇年)七五頁以下を参照されたい。
(11) 藤田八郎「はしがき」大阪地方裁判所経済判例研究会編『民事裁判に現れたる統制経済の研究』(綜文館、一九四五年)四頁以下。
(12) 利谷信義『新装版 日本の法を考える』(東京大学出版会、二〇一三年)五一頁以下。
(13) 浦辺衛「酒造組合長の実績譲渡承認と司法裁判所の管轄権」大阪地方裁判所経済判例研究会・前掲注11・二七一頁以下。
(14) なお浦辺は、一九四六(昭和二一)年一一月に福岡地方裁判所に転任し、日本国憲法の施行に伴う刑事訴訟法の応急的措置に関する法律により日本国憲法施行と併せて廃止された刑事事件の予審判事を経験している(浦辺衛『ある裁判官の回想記』（日本評論社、一九七七年）六〇頁以下を参照）。

（15）武安将光「特別法犯（特に経済犯罪）」法務大臣官房調査課編『本邦戦時・戦後の犯罪現象（第一編）（法務資料三三一号）』（一九五四年）七五頁以下。なお、拙稿・前掲注10・二六五頁を参照。

（16）熊谷弘『真実一路――一裁判官の歩いた道』（日本評論社、一九七七年）五四頁。

（17）「裁判官の報酬等に関する法律提案理由についての資料　その一」『司法大臣官房調査課関係文書』（法務図書館蔵）A-6-6。

（18）増田弘『公職追放論』（岩波書店、一九九八年）三八頁以下。この追放は、ドイツの非ナチ化政策には含まれない「その他の軍国主義的および超国家主義者」（G項）に基づいて行われたが、治安維持法違反事件を中心とする「重要刑事事件」への関与が審査の基準として挙げられたものの、そのことを理由に追放された司法官はいなかった（上田誠吉『司法官の戦争責任――満州体験と戦後司法』（花伝社、一九九七年）一一五頁以下）。

（19）兼子一他「〈座談会〉日本の裁判官」ジュリスト九四号（一九五五年）。

（20）青木英五郎『裁判官の戦争責任』（日本評論新社、一九六三年）一二〇頁以下。

（21）同前九頁。ナチスの下で行われた「人民法廷」に関しては、ヘルムート・オルトナー（須藤正美訳）『ヒトラーの裁判官フライスラー』（白水社、二〇一七年）を参照。

（22）熊野直樹「東西ドイツ司法と「過去の克服」」法政研究七一巻三号（二〇〇五年）一二六頁以下。

（23）広渡清吾「戦後法学と法社会学」法律時報八〇巻一〇号（二〇〇八年）七〇頁以下。

（24）岩谷十郎「日本法の近代化と比較法」比較法研究六五号（二〇〇四年）二六頁。

（25）馬場健一「『科学的』調査と研究者の政治責任――華北農村慣行調査とその評価をめぐって」法社会学五七号（二〇〇二年）、久保秀雄「近代法のフロンティアにおける『文化的他者』についての知――ポストコロニアル批判の法社会学（1）～（2）」法学論叢一五三巻四～五号（二〇〇三年）を参照。

(26) 福島正夫「法と調査」同『福島正夫著作集(7) 法と歴史と社会とⅠ』(勁草書房、一九九三年)五〇三頁以下。
(27) 福島正夫「穂積・末弘両先生の思出」福島・前掲注26・一六〇頁。
(28) 磯野誠一他「〈座談会〉磯野誠一先生を囲んで」神奈川法学二〇巻一~三号(一九八四年)二二六頁以下。なお、中生勝美「日本占領期の社会調査と人類学の再編――民族学から文化人類学へ」末廣昭編『岩波講座「帝国」日本の学知(6) 地域研究としてのアジア』(岩波書店、二〇〇六年)一六六頁を参照。
(29) 福島正夫他「〈座談会〉法と歴史と社会と」福島・前掲注26・八頁以下。福島は「ただソ連に行ったからといって、ソ連で抑留生活、捕虜生活をしたからといって勉強になるものではない」として、「私は行く前に、ソ連の法律とかコルホーズとか、その他に関することをある程度勉強しておった」ことを踏まえて「社会主義というものはどういう風に生きておるんだろうかということを見ようと思って、色々と観察はした」とも回顧している(福島正夫「学問と私」福島・前掲注26・五一七頁以下)。
(30) 勿論これは、福島が収容されたのが「ドイツ、ハンガリー、オランダ等ヨーロッパ人も一緒の将校収容所」であり「ソ連側は大体戦時国際法を守ろうとしていた」ことによるという事情も影響していたであろう(福島小夜子「解説」福島正夫『福島正夫著作集(8) 法と歴史と社会とⅡ』(勁草書房、一九九五年)六二〇頁以下)。
(31) 福島正夫「欧露俘虜生活の実態報告」福島・前掲注30・一四六頁。福島は帰国後、ソ連は「神秘めいた謎の国」では毛頭なく、現にわれわれと同様の平凡な人間が働き営んでいる社会に過ぎない」として、抑留の間に収集した情報を元に東洋文化研究所の公開講座で報告している(福島正夫「戦後のソ連社会」福島・前掲注30・三頁以下)。
(32) 福島正夫『福島正夫著作集(5) 社会主義法』(勁草書房、一九九四年)。
(33) 磯野誠一「内モンゴルから外モンゴルへ」民族学研究一三巻一号(一九四八年)五八頁以下。
(34) 磯野誠一・磯野富士子「蒙古に行った日本の夫婦」思想の科学一巻二号(一九五四年)三〇頁以下。
(35) なお、植松正も台北帝国大学任官前は司法官を経験し、敗戦後も一時控訴院代理判事・控訴院検事を務めている。

(36)「あの人この人訪問記――安平政吉さん（1）」法曹四〇六号（一九六七年）二一頁。内地に戻ったのは持病が理由であり、当時司法省人事課長であった佐藤藤佐の差配で、高等官二等から三等への降等の形での転任であった。

(37) 中村哲他「〈座談会〉中村先生を囲んで」沖縄文化研究一六号（一九九〇年）三八八頁以下。

(38)「あの人この人訪問記――安平政吉さん（下）」法曹四〇七号（一九六八年）一八頁。もっとも、同書においても「我が国家理念は、極めて人道的自由的のものであるが、西欧などの謂ゆる純然たる個人主義的自由主義でもなければ、然らばと云つて、西欧における階級的権力的団体国家主義でもない」として、「君民一体」「忠孝一本」の「団体的且つ自由主義が本質」であり「家族制度は、ある意味において皇族に基く団体的のものであるが、しかし我国のそれは、その間にあつてなほ各人の天性、人格を発展せしめゆかんとするところの、自由主義に近いものである」とするその論には、後の「日本法理」に近い立場が既に看取されよう（安平政吉『団体主義の刑法理論』（巌松堂書店、一九三五年）七五頁以下）。

(39) 安平は牧野英一研究室の所属であったが「実際には、小野清一郎先生の指導を受けた」と回顧している（安平政吉「池塘春草夢五十年」研修一二四号（一九五八年）一一頁）。

(40) 安平政吉『道義と刑事法（日本法理叢書第四輯）』（日本法理研究会、一九四一年）五六頁以下。

(41) 前掲注38「あの人この人訪問記」一七頁以下。池田は思想検察関係であったこと、木村は京都で大日本武徳会会長を務めていたことが、公職追放の理由となったという。

(42) 植松正「青年期の夢」同『去日来日』（勁草書房、一九七七年）一二頁。

(43) 植松正「敗戦間近のころ」植松・前掲注42・一一二頁以下。

(44) 遠藤正敬『近代日本の植民地統治における国籍と戸籍――満州・朝鮮・台湾』（明石書店、二〇一〇年）八七頁以下。

(45) 植松・前掲注43・一一五頁以下。

台北・京城・天皇制

西村裕一

一　はじめに

本書に登場する三〇名の法律家たちの生年を眺めると、最も早く生まれた小林俊三（一八八八年）から最も若い兒島武雄（一九二五年）までの間に、三七年の開きがある。このような世代差が、従軍経験の有無を含めた「戦争体験」の差を生み、ひいては「あの日」の記憶にも大きな違いを生じさせていることは容易に想像できる。例えば、学徒のまま応召された長谷川正安（一九二三年生）や兒島はもとより、大学院生や助手として研究生活を歩み始めた矢先に徴兵を受けた沼田稲次郎（一九一四年生）や世良晃志郎（一九一七年生）などにとっても、「あの日」は新たな人生の出発点として位置づけられることになるだろう。それに対し、戦時下にあっても日々の仕事をこなしていた者にとっての「あの日」とは、連続する日常における大きなしかし一つの変化にすぎなかったのではないだろうか。法体系が変わっても粛々と所与の法を適用するしかない裁判官（村松俊夫・熊谷弘・浦辺衛）や、行政の継続性に意を用いなければならない官僚（林修三）などは、とりわけそうであろう（なお、司法官たちの戦前と戦後については、出口解説を参照）。

もっとも、研究者たちについて子細に見ると、事情はもう少し複雑である。この点、兒島のエッセイによれば、編集部から執筆者に出された依頼は「三〇年前の八月十五日の思い出がその後の学問にどう影響したか、学問の軌跡を語れ」という趣旨だったようであるが、本書に登場する研究者の多くは、「あの日」をあくまで生活の一コマとして、換言すれば自身の「学問の軌跡」とはさしあたり無関係なものとして描いているように見える。たしかに、終戦によって法体系が変わったとしても実定法学者にとっては研究対象が変わるだけであり、それによって自己の「学問」のあり方が変わるわけではないという態度を取る（少なくともそのように受け止められようとする）ことにも一理あるように思われる。しかし他方で、戦時中の研究に対する悔恨を口にするとともに、「八月十五日の思い出」が戦後における「学問の軌跡」に与えた影響を語っている研究者もいた。例えば、「どうして私はもっと徹底的に反ファシズムの科学的研究と実践にたずさわらなかったであろうか、自ら深刻に反省することを迫られた」と語る浅井清信（一九〇二年生）、「八月十五日は、私にとってまさしく再生の出発点であった。それ以後何ほどか正しい方法論、路線に立って、かつて目指した憲法学、政治学の体系的な検討にあたってきた」と振り返る鈴木安蔵（一九〇四年生）、そして、戦時中に書いた自身の論文から「少しでも己が心に無理を強いながらものを書いてはならぬという痛い教訓」を得たと言う加藤新平（一九一二年生）がそうである（なお、昭和二十年八月十五日を「わが生涯の重要な分岐点」とする安井郁については、前田解説を参照)。

このうち、一九二六年に京都帝大大学院に入学して一九三三年に立命館大学講師となった浅井と、学連事件での有罪判決を受けて一九二七年に京都帝大を自主退学した後は在野で研究を続けた鈴木という、年齢の近い二人について見てみよう。[1] まず戦時中の鈴木は周知のとおり時局に迎合するような業績を発表しており、[2] そのことへの「深い悔恨と悲哀」を戦後の彼は率直に表明している。[3] 浅井もまた戦時中の論考における戦時体制への翼賛的ないし迎合的態度を指摘されることはあるが、[4] 戦時下における自身の研究を労働法から民法への「逃避」と位置づける彼は、むしろ日々の生活において「ファシズムへの最少限度の協力」を行ったことに悔恨の念を感じていたようである。[5] このような微妙な差異はあったものの、この二人のエッセイからは、終戦を境として新たな一歩を踏み出していこうという積極的な決意を看取することができよう。もっともこのことは、世代の共通性に由来するというよりは、二人がともにマルクス主義法学にコミットしていたことと関連するのかもしれない(なお、鈴木安蔵およびマルクス主義法学については、坂井解説を参照)。

それでは、二人よりも若い世代に属する加藤についてはどうか。加藤は、一九三六年に京都帝大法学部を卒業すると直ちに助手に採用されて研究者としてのスタートを切るものの、一九三八年に補充兵として陸軍に召集され、兵役中の大半を満州で過ごすことになる。エッセイにもある通りノモンハン事件に遭遇して九死に一生を得た加藤は、京大に戻った翌年(一九四一年)に「法理学・独逸法・社会法担当」の助教授に昇任して敗戦を迎えた。[6] エッセイの中ではこの時期に物された諸論考が挙げられているところ、先述のような教訓を得たとされている論文が、一九四四年に公表された「国家論覚書」である。[7]この論文を含め苦々しい「思い出」として振り返られている戦時中は、加藤にとって、研究者として自立しなければならないと同時に、マルクス主義から切り離されて思想的にも困難な時期だったのであろう。加藤の高弟である田中成明によれば、戦後の加藤はあらゆる思想潮流に対して慎重な姿勢を取っていたとされるが、[8]エッセイにおいて「戦争時の体験」が「自制の念」を生み出したと述べられているように、加藤における「八月十五日の思い出」は、浅井や鈴木とは異なり、自身の「学問の軌跡」にとって――上述のような意味において――消極的に作用していたのかもしれない。

以上、「八月十五日の思い出」が戦後の「学問の軌跡」に与えた影響を認めている三人の研究者について簡単に見てきたが、彼らのいずれにおいても、その基盤には戦時中の言動に対する反省があり、それゆえ、どこか戦時中の「学問」が戦後とは断絶されているように感じられる。それに対し、たしかに「あの日」に「自分の第二の人生の出発」を見定めつつ、戦時中の自身の「学問」に対する態度がやや複雑であるように思われるのが、中村哲であった。

二　中村哲の戦前と戦後

加藤と同じく一九一二年に生まれた中村は、一九三四年に東京帝大法学部を卒業すると直ちに助手に採用され、一九三七年に助教授として台北帝大文政学部に赴任する。東大では政治学史を担当していた南原繁に指導を仰いだ中村であるが、台大では井上孚麿の後任として憲法講座を担当した。ところが、翌一九三八年一二月に日中戦争に応召し、一九三九年四月には海南島の戦闘に参加し銃弾を浴びて負傷。台大帰任後の一九四二年に教授に昇任して敗戦を迎えた。戦後は法政大学に移籍し、法政大学総長・理事長や日本政治学会理事長などを歴任するとともに、一九八三年には社会党からの指名に応じて参議院議員に転ずるなど、多方面で活躍した人物である。(9)

その中村のエッセイを読むと、終戦直後に書かれた自身の論説を「戦時中に、書かないでもいい文章を書けば、こんなものになるという種類のものの延長」として「後めたい」と振り返っている。「戦争終結の大詔」を受けて「民族の自覚と国体への確信はなんといつても、この戦争が齎した果実であり、特攻隊の美しき行為は今次戦争の花として日本民族の自己発見であつた」といった文章が躍る記事(10)への感想としては、自然なものであろう。もっとも、これを除けば、エッセイの中では戦前の自身の「学問」に対する悔恨が前面に押し出されているわけではない。それでは、これまでの三人とは異なり、中村において戦前と戦後は必ずしも断絶したものではなかったのだろうか。

もちろん、戦前から戦後にかけて中村の思想が変化していないわけではなく、中村に関する包括的な研究を物した江橋崇によれば、新憲法制定によって中村は「それまでのリベラリスト、ヒューマニストの立場から左傾化し」、コミュニストへと「君子豹変し」たと評されている。(11)しかし、中村によれば、「ぼくはいわゆる転向者でもなければ、転向するほどの決定的な場に立つことは、つねに回避して来ている」という。この背景には、「転向」に対する中村の次のような考え方があった。

自分自身のことをいうわけではないが、転向ということを問題とする場合に、どこを基準としていうのかということはなかなか断定し難いことだと思っている。たとえば学生の時代に左翼的であったものが、学校を出て職場の職制に妥協的になったり、場合によっては右翼的になったとき、左翼のところからみれば、転向だが、その人はもともと、そういう性向の人ではなかったのに、一時、左翼的現象を呈したにすぎないということがあるだろう。左翼だったところが未発達の段階であったためで、一見、転向とみえても、転向するほどの本質は本来なかったといわなければならない。それなのに、学生運動を表面上顕著にした者が変化すれば、転向とみられるのに対して、本質的には、より左翼的であったが、表面上の行動や表現を示さなかった者が、その後、変化していった場合には転向といわれないのは不公平であるにちがいない。人間の成長の基準をどこに置くかということは、その人の人生をよく観察しないと断定できない。〔中略〕ぼくは人の成長は変化をふくむものであっていいと思うし、過去との連絡をつけて、責任を公示しなければ、なにも成長してはならないというものではないと思っている。[12]

過去の自分を一方的に断罪しないというこのような姿勢は、「私自身の戦後の憲法論の一つの出発点」であったという天皇制についての見解にも貫かれているように思われる。[13] そもそも、天皇を利用して軍部を抑制すべきだというのは、戦前から抱かれていた中村の持論であった。それに対し、「戦後民主主義」の論客として天皇制を鋭く批判するようになっていた戦後の中村[14]は、一方において、天皇がこのような役割を果たすべきだという過去の自身の見解を、「宮廷政治」との妥協であったと反省している[15]。しかし、エッセイに「双刃の劔」とあるように、中村は「民族の不朽の生命を思念し給へる聖断によって武力による戦争を停止した[16]」ことの意義もまた認めざるを得なかった。なぜなら、中村の「戦後民主主義」は「アメリカ帝国主義に抵抗する心情」を出発点としており、「天皇制に対するいわゆる講座派的な規定からはじめたのでは必ずしもなかった」からであり[17]、このような心情が「国体の護持」の背後にあったことはエッセイの中でも述べられているとおりである。

その際、中村に自己弁護の意図はない。むしろ、自己批判が自己弁護に堕することを鋭く見抜いていた中村は、なぜ当時の自分が天皇制を批判し得なかったのかを、次のように冷静に分析してみせるのである。

政治学関係の諸先生や先輩が当時忠告されていたように、満州事変後の日本では、政治の研究は弾圧をうけるか、時局にまきこまれるかという危険性を伴っていた。憲法という一つの法典を拠り所にして語れるというのは、そういう社会情勢の下では、都合のいいことであった。天皇制がいいか悪いかではなく、天皇制下の国家体制や国民の権利を、憲法の示すままに語ればいいのであるから、これは学者としての処世方法としては便利なことで、この安易さが、自分をして知らず知らずに、一つの政治体制、具体的にいえば天皇制下の権力の発動の仕方を問題とするだけで、天皇制そのものへの批判を、おろそかにしてゆくことになったものと思う。もちろん、当時においては天皇制を批判や研究の対象とすることは許されなかったが、それだけでなく、ぼく僕(マ マ)自身は、こういう権力体制そのものへの疑問をもつことはあっても、それを学問的に追究しようとはしなかった傾向がある。(18)

イェリネックやケルゼンによる「一般国家学」を学問上の出発点としていた中村は、研究を始めた当初から、「国法学的な関心」と「政治社会学的な関心」とを抱いていたという。(19) この二分論を前提にすれば、とりわけ台北時代の中村は、国家や天皇制については「国法学的な関心」に基づく「学問」に専念することによって、時勢をやり過ごしたということになるだろう。このような中村の醒めた議論には、自身をも研究対象として客観視しようとする、政治思想史家としての本分を垣間見ることができるように思われる。

三 外地の天皇制

中村は、戦前に天皇制そのものを批判することができなかった原因を、先述のように実定法学である憲法学の性格に求めたのであるが、それに加えて、「憲法という国家体制の講義をする」という「自分の社会的任務」にも求めていた。

> 天皇制から始まる明治憲法の講義をするものが天皇制を批判するということは、講義の責任を自から否定することになると考えられていたためで、大学、ことに外地での官立大学の教師という社会的職責のようなものを強く意識していたからである。ことに、台北は東京と異って、外地の首都ともいうべきところで、僕が昭和一二年に転任した時が日華事変に入ったときで、この台北から南京攻撃の飛行機が飛び立って行った当時である。日本の都市とも違って、一歩も二歩も早く全島が軍事体制に入っていた。その上、こういう田舎の都市は、そこの生活者はよく感じているであろうように、公的生活と私的生活の区別がなく、公的な職責が個人生活にまでつねにつきまとい、一個の学究というよりも、職業の地位のほうが自分自身を拘束させる環境にあった。官吏はみな官服という正服をきて、一般の社会人から区別されていたが、ぼくはそういう服装をつけることはサボタージュしたけれども、実際にはつねにみえない官服をまとっていたのであった。これは、内地とはまた異った天皇制であり、天皇制官僚機構であった。内地の官立大学では、そういう天皇制官僚という職責を感ずることは少なかったと思う。[20]

ここに引用した文章で興味深いのは、「外地」には「内地」とは異なる天皇制が存在していたという中村の認識である。

「植民地帝大」に設置された憲法講座の担当者として、台北時代の中村は、植民地法制の研究に精力的に取り組んだ。[21] それによれば、もともとわが国においては新領土をヨーロッパ的な「植民地」という概念によって理解するという考え方が否定されてきた空気があり、新領土を植民地とするのではなく「本土化」することが目的とされてきた。そして、そのような新領土に対する国民的な意識ないし感情が、法制上は、一九二一年に制定された「台湾ニ施行スヘキ法令ニ関スル法律」（法律三号）が基調としているところの、内地の法律・命令を台湾に施行すべきことを原則とする「内地法律延長主義」として、また、政治上は、台湾人を大和民族化しようとする「温情」的な「同化政策」として、それぞれ現れているのだという。このように、「もともとわが国の植民政策は、同化政策的な方向に向つて進められて来た」のであるが、しかし「植民地の風俗・人情・習慣・文化が本土と異なることは否定出来ない現実であつて、さうした特殊事情の上に植民地特有の立法を必要とすることは、かならずしもつねに政治的な強圧主義と結びつくものではない」[22] として、中村は、フランス的な「同化政策」よりもイギリス的な「非同化政策」に軍配を上げたのである。政治思想史家の苅部直が指摘するように、このような中村の議論には、一九三〇年代以降に台湾で強められていた「皇民化」政策に対する批判が込められていたと理解することができよう。[23] 実際のところ、民俗学的な関心から現地の固有文化の尊重を唱えていた中村は、『民俗台湾』という雑誌への参加を通じて「皇民化」政策に抵抗していた。[24]

もとより、このような立場は、「ヒューマニズムの名称のもとに戦争を肯定する理論」である「東亜共同体論」[25] の支持へと中村を導くものであった。[26] とはいえ、中村が賛同する「協同政策」が「原住者社会生活の伝統を尊重し、その民族の歴史的存在の事実を認め、これをその固有の方向に従ひ発達せしめんとするものである」[27]以上、植民地法制に対する中村の基本的なスタンスが戦前から戦後にかけて一貫していたとしても、それほど不思議ではないだろう。それに対し、大日本帝国による実際の植民地統治は「極端な権力支配であり、天皇制権力の上からの滲透という方式」に基づくものであり[28]、「外地」における「天皇制官僚」である中村は、かかる「フランスにおけるよりも一そう強い同化政策」[29]の先兵にほかならなかった。戦時下の中村を苦境に追い込んだのは、「学問」ではなくむしろ、このような「天皇制官僚という職責」だったのではないだろうか。右に引用した文章からは、そのようなジレンマを経験せずに済んだ「内地の官立大学」の教師に対する、ある種の屈折した感情を読み取ることもできるように思われる。

四　京城から東京へ

本書の登場人物たちの中で、そのような「内地の官立大学」で憲法を講じていたのが宮沢俊義であった。たしかに、戦時下の内地における「キチガイ(ママ)じみた神社強制」の様子をあたかも傍観者の一人として振り返る宮沢の語り口からは、中村のような葛藤はあまり感じられない[30]。その宮沢によれば、日本国憲法は三条および四条を通じて、国家機関としての天皇を「ただ内閣の指示にしたがって機械的に『めくら(ママ)判』をおすだけのロボット的存在に」しているのだという[31]。けれども、外地においてその本性を露にした天皇制に対する中村の関心は、かような「国法学的な」研究で充たされるものでなかった。

かくして、本書に収録されているエッセイが書かれた一九七〇年代の半ば頃から、中村は天皇制の起源をめぐる「政治社会学的な」研究を展開していくことになる。(32)

思えば、八月革命説を批判した尾高朝雄にせよ、天皇の公的行為に関する国事行為説に対抗して象徴行為説を唱えた清宮四郎にせよ、宮沢の天皇制論に異を唱えたこれら二人の研究者は、いずれも京城帝大というもう一つの「植民地帝大」の教師であった。そして、彼らとともに京城帝大に籍を置いていたのが、本書にも登場する鵜飼信成である。一九〇六年に生まれた鵜飼は、一九三〇年に東京帝大法学部を卒業して大学院に入学すると、一九三一年に専任講師として京城帝大法文学部に赴任した。一九三三年に助教授に昇任した後、一九三九年から一九四一年までアメリカに留学するも帰任後に応召し、召集解除となった一九四三年に教授に昇任してそのまま終戦を迎える。終戦時には東京にいた中村と異なり、朝鮮半島で終戦に際会した鵜飼はエッセイに描かれているような苛酷な引き揚げ体験を経て、東京大学に新設された社会科学研究所(33)に招かれることになる。(34)

学界においては異例なことに戦前からアメリカ法学に親しんでいた鵜飼は、アメリカ仕込みの日本国憲法が制定された戦後に、「余人をもって代えがたい重要な役割」を果たすこととなった。(35)そのため、アメリカが齎した「八月十五日の精神」へのコミットメントを表明しても学問的な断絶を強いられることはなかったが、そのようなアメリカとの関係が災いして、鵜飼には戦時中に「舌禍」を起こした経験がある。それは、留学先のアメリカから帰ってきた直後の出来事であった。

〔一九四一年〕四月にロータリークラブの例会に招かれて卓話をし、それが翌月のある雑誌に掲載された。要旨は、アメリカ人は、のんびり暮しているように見えるが、実は学生は夜中の十二時を過ぎるまで図書館で勉強したり……しているので、うっかり敵にすると手強いと思う、という旅行者の感想を述べただけである。ところが驚いたことに、この一文のために雑誌が発売禁止処分をうけた。国民の対米恐怖心をあおるおそれがある、というのが理由だった。〔中略〕それ以上その時は何のお咎めもなかったが、それから三月ほどたって、昭和十六年七月のはじめ、はっきりいうと七月七日の中日事変記念日に、突然、召集令状が来た。三五歳になって初めての軍隊生活だった。補充兵役がこの年で終るという最後の年に二等兵になったのである。(36)

こうして限りなく「狙い射ち」が疑われる赤紙を受け取り、京城俘虜収容所に勤務する傍ら——「官服」ではなく——「軍服」を着て講義を行っていた鵜飼は、終戦によって「日本に初めて学問研究の真の自由が確保され」、一種のタブーであった「国体、天皇、主権、統治権などの諸問題」に「開拓の鍬を揮うことができるようになったこと」を寿いでいた。(37)(38)それら諸問題の結節点にある天皇制について見ると、鵜飼によれば、「国家組織の中における異質的分子を統一にまで溶接するところ」に象徴の政治的・社会的機能があるが、象徴されるものとの間に内在的な関連性を持たないという象徴の本質からして、天皇が象徴であり得るのは人々が象徴の魔術を信じている限りにおいてであるという。(39)このように「憲法の文字だけではきまらない」ところにある「日本国憲法の定めた天皇制の本質」(40)を追究することによって、鵜飼は、かつての同僚であった清宮や尾高の議論を批判しつつ、[41]天皇を「象徴」と定めた日本国憲法の限界をも指摘することができたのであった。[42]かように独創的な天皇論が、「外地の官立大学」の教師たちによって生み出されたことは、まことに興味深いように思われる。

【追記】本研究は、JSPS科研費JP20K01266、JP20H01418の助成を受けたものである。

（1）参照、「西村信雄先生／浅井清信先生　略歴・著作目録」西村信雄先生傘寿／浅井清信先生喜寿記念論文集『個人法と団体法』（法律文化社、一九八三年）一七頁以下、「鈴木安蔵先生の略歴と著作目録」鈴木安蔵博士追悼論集『日本憲法科学の曙光』（勁草書房、一九八七年）三〇七頁以下。
（2）参照、森英樹「鈴木安蔵における憲法学研究の生成と展開」名古屋大学法政論集一〇九号（一九八六年）二二〇—二二一頁。
（3）参照、鈴木安蔵『憲法学三十年』（評論社、一九六七年）一七九—一八〇頁。
（4）参照、石井保雄「浅井清信の労働法学」獨協法学七八号（二〇〇九年）八二—八三頁。
（5）参照、浅井清信「私の研究をふりかえりみて」浅井清信教授還暦記念『労働争議法論』（法律文化社、一九六五年）三六四頁以下、同「社会法とともに」末川博編『学問の周辺』（有信堂、一九六八年）二一三頁以下。
（6）参照、「加藤新平博士略歴」日本法哲学会編『知的資源としての戦後法哲学』（有斐閣、一九九九年）二〇四頁以下、田中成明「加藤新平先生を偲んで」ジュリスト一一六二号（一九九九年）一二八頁以下、平場安治「故加藤新平会員追悼の辞」日本学士院紀要五四巻二号（一九九九年）七八頁以下。
（7）参照、加藤新平「国家論覚書（一）（二）」法学論叢五一巻一・二号五六頁以下、五一巻三号二五頁以下（一九四四年）。

（8）参照、田中成明「加藤新平先生の法哲学」ノモス一三号（二〇〇二年）八一頁。

（9）参照、「中村哲先生　略歴・著作目録」法学志林一〇二巻二号（二〇〇五年）一二九頁以下、飯田泰三『戦後精神の光芒』（みすず書房、二〇〇六年）八四頁以下、江橋崇『「官」の憲法と「民」の憲法』（信山社、二〇〇六年）一四一頁以下。

（10）参照、中村哲「国体の護持」大学新聞一九四五年八月二一日。

（11）参照、江橋・前掲注9・一九一―一九二頁。

（12）中村哲「憲法と人生」法学セミナー二三号（一九五八年）三頁。

（13）中村・前掲注12・六頁によれば、この考えを「多少カモフラージュして発表」したものが、中村哲「国防会議論」中央公論五五巻九号（一九四〇年）一八頁以下である。

（14）参照、苅部直『歴史という皮膚』（岩波書店、二〇一一年）六九―七一頁。

（15）参照、中村哲『不安と反抗』（法政大学出版局、一九五四年）七七頁。

（16）中村・前掲注10。

（17）参照、中村哲「中村哲教授　著作目録（その二）」法学志林八三巻一号（一九八五年）九五頁。

（18）中村・前掲注12・四頁。

（19）参照、中村哲「中村哲教授　略歴・著作目録（その一）」法学志林八二巻三・四号（一九八五年）二一七頁。

（20）中村・前掲注12・四―五頁。

（21）参照、松平徳仁『東アジア立憲民主主義とそのパラドックス』（羽鳥書店、二〇二一年）四〇頁以下。

（22）参照、中村哲『植民地統治法の基本問題』（日本評論社、一九四三年）一三三頁以下（引用は一五一頁、一五三頁）。

(23) 参照、苅部・前掲注14・五五―六〇頁。
(24) 参照、中村哲ほか「座談会　中村先生を囲んで」沖縄文化研究一六号（一九九〇年）三八六頁以下。
(25) 中村哲『知識階級の政治的立場』（小石川書房、一九四八年）四五頁。
(26) 参照、江橋・前掲注9・一五五―一五七頁、苅部・前掲注14・六〇―六三頁。
(27) 参照、平野義太郎「民族政策に就いての基礎考察」思想二三四号（一九四一年）二九頁。
(28) 参照、宮平真弥「中村哲先生の植民地法研究について」沖縄文化研究三一号（二〇〇四年）五二六―五二七頁。
(29) 中村哲「植民地法（法体制確立期）」鵜飼信成ほか責任編集『講座　日本近代法発達史5』（勁草書房、一九五八年）一七六頁、一七七頁。
(30) 参照、宮沢俊義『憲法と天皇』（東京大学出版会、一九六九年）一八七―一八九頁、二〇一―二〇三頁。
(31) 参照、宮沢俊義（芦部信喜補訂）『全訂　日本国憲法』（日本評論社、一九七八年）六〇頁、七四頁。
(32) 参照、中村哲『宇宙神話と君主権力の起源』（法政大学出版局、二〇〇一年）。
(33) 社研の発足に際して、鵜飼をはじめとする京城帝大の教員が人材の供給源となったことについては、参照、南原繁ほか「回顧　社会科学研究所の十五年」社会科学研究（東京大学）十五巻一号（一九六三年）一三〇頁〔南原発言〕。
(34) 参照、『鵜飼信成先生に聞く』（アメリカ研究資料センター、一九八三年）。アメリカ留学中の足跡については、長沢一恵「戦前期における法学者・鵜飼信成の法学研究についての一試論」松田利彦編『植民地帝国日本における知と権力』（思文閣出版、二〇一九年）六〇八頁以下に詳しい。
(35) 参照、奥平康弘「鵜飼信成先生のご逝去を悼んで」法律時報五九巻八号（一九八七年）五五―五六頁。
(36) 鵜飼信成「俘虜収容所」学士会会報七五二号（一九八一年）六四頁。
(37) 参照、鵜飼信成「はしがき」同『現代アメリカ法学』（日本評論社、一九五四年）一頁。

(38) 参照、鵜飼信成『憲法における象徴と代表』(岩波書店、一九七七年)八一頁。
(39) 参照、鵜飼・前掲注38・三頁以下(引用は五頁)。さらに、同『憲法』(岩波書店、一九五六年)二六五―二六六頁も参照。
(40) 鵜飼・前掲注38・二五頁。
(41) 参照、鵜飼・前掲注38・三九頁以下、五二頁以下。
(42) 参照、鵜飼・前掲注38・三二頁。

憲法学史の「語られ方」と法学方法論

坂井大輔

一　はじめに

本書に登場する鈴木安蔵・長谷川正安は、日本憲法学史研究を牽引した憲法学者である。ここでは、両者の回想とその学問の一端を突きあわせてみたい。それによって、憲法学史の「語られ方」が、いかにして時代状況に規定されていたかという問題の片鱗を垣間見ることができるのではないだろうか。

二　鈴木安蔵と長谷川正安

(一)　鈴木安蔵・長谷川正安の略歴

鈴木安蔵は一九〇四年に福島県で生まれた。京都帝国大学在学中の一九二七年に学生社会科学研究会連合会の治安維持法事件に関連し、退学した。その後、憲法史・憲政史・憲法学史の研究に従事し、一

九五一年以降は静岡大学等に勤務した。(1)

長谷川正安は一九二三年に茨城県に生まれ、一九四二年に東京商科大学に入学した。一九四三年一二月以降は兵役に就き、終戦後に復学した。一九四九年以降、名古屋大学等に勤務した。(2)

(二) 憲法学史の出発点

鈴木安蔵は、一九三四年の著書『日本憲法学の生誕と発展』の冒頭で、以下のように述べている。

「わが学界においては、今日まで、いまだ、何らの憲法学史も書かれてゐない。たゞに憲法学史のみならず、憲法制定史そのものすらも、最近まで、ほとんど捨てて顧みられなかつたかのごとくである。」(鈴木一九三四、一頁)

「思ふに、一つの科学的な歴史叙述――特に学説・思想史叙述――が達成されるためには、そこに根本的批判の実践的精神ないし見地・方法論と、かゝる方法論をもつてする資料の綜合的取捨の努力とが、一定程度以上の成熟をとげなければならないにもかゝはらず、わが学界には、この科学建設の魂とも言ふべき批判的実践的精神・見地・方法論も、歴史叙述の根本的一条件たる分析・綜合の努力も、充分に成長しなかつたのではないであらうか?」(同上)

「私が不充分なる研究にもかかはらず、本稿を公にするのも、日本憲法学史の大成といふ学界の一大課題達成の――誰れが達成しようと、問ふところではない、問題は達成にある――気運を、多少なりとも促進したいからである。」(同上)

そして、この問題意識を戦後において継承し、『日本近代法発達史講座』において憲法学史の執筆を担当したのが、長谷川正安であった。

戦前・戦後を跨いで構想された彼らの憲法学史の基本的視座は、長谷川の回想に端的に示されているとみて良いであろう。(3)

「戦争体験は私に、法に対する政治の優位をいやというほど教えてくれた。日本の軍隊生活には、およそ近代的意味の法などというものは存在しなかった。すべては上下秩序であり、人間の平等はどこにも存在しなかった。」(長谷川正安「三〇年目の八月一五日――戦争体験と法律家」本書五頁)

「しかし、よく考えてみると、暴力と上下秩序しかない軍隊生活は、戦時下日本の縮図なのであった。そしてそれを外から保障しているのが、私が大学でまなんだ明治憲法なのであった。明治憲法下の日本には、対等・平等な人間は存在しない。上は天皇から、皇族・華族・官吏・吏員・軍人・戸主・夫・男、そして下には妻である女まで、封建的・家族制度的・官僚的上下秩序がいたるところで貫徹していた。明治憲法の第二章からは、注意深く平等権にかんする規定がのぞかれていた。」(同六頁)

戦時を体験したことにより、戦前の法およびそれを擁護した法学を否定的に捉えるに至ったことが、容易に看取される。このような視座から見れば、穂積八束や上杉慎吉といった、いわゆる主権学派の憲法学が低く評価されることは、当然である。例えば、鈴木は穂積八束について、「明治憲法下の天皇制権力――憲法国家の形態をとりつつ、もっとも絶対主義的性格の強い君主制権力――を美化する論理にほかならぬ」（鈴木一九七五、二四八頁）と断じている。

(三) 鈴木安蔵の美濃部評価

ところが、美濃部達吉の評価を巡っては、両者は微妙な対立を見せている。今日に至るまでの美濃部に対する評価は総じて高く、概ね以下のようなものとなっている。

「明治憲法には専制的要素（前近代的・絶対主義的・神権主義的要素）と立憲的要素（近代的・自由主義的・民主主義的要素）とが混在していた。前者を強調したのが穂積八束・上杉慎吉らの正統学派で、『国体』を重視し、天皇主権説を主張し、議会に対する大臣の責任を否定した。これに対し、後者を強調したのは美濃部達吉・佐々木惣一ら立憲学派で、国家法人説・天皇機関説を唱え。大臣の輔弼責任を強調して天皇親政を否定するとともに、議院内閣制を『憲政の常道』として支持した。両者は、数次にわたる天皇機関説論争などで争ったが、しだいに立憲学派が官界・学界で通説となり、『大正デモクラシー』の理論的基礎を提供した。しかし、昭和一〇年代には、軍部の台頭や右翼・ファシズムの攻勢の前に、政府は、天皇機関説を弾圧し、立憲主義的憲法学説は挫折を余儀なくされた。」（須賀二〇〇八、一四—一五頁）[4]

これは、長谷川による天皇機関説事件の回顧ともおおよそ一致しているとみてよいだろう。そして、このような見方は、ごく最近に至るまで繰り返し示され続けている。[5]

しかしながら、鈴木安蔵が示した美濃部像は、このような通念とは一線を画すものであった。鈴木は美濃部の天皇機関説についてこう述べる。

「国家法人説・天皇機関説にとるべき歴史的意味——わが国の絶対主義的性格の強く残っていた明治憲法体制下において——があるとすれば、この論理構成によって、憲法上の天皇の権限を可能なかぎり制限すること、天皇を憲法の条規に拘束される国家機関として限定すること、議会の独立的地位、その権限を可能なかぎり強化することに、多少とも役立ちうるという点にあった。しかしわが国古来の天皇制や明治憲法体制下の天皇制についての批判は、もちろん憲法学界では不可能であり、そして恐らく、美濃部博士自身十分にはその批判をもちえなかったとおもわれるから、右のような弁明的説明が加わるのである。この美濃部学説すらも、すでに本書の公刊された時から、「国体」に関する「異説」として攻撃にさらされるのである。ドイツ国法学の場合に比すると、さらに比較しがたい前近代的土壌の上で、わが憲法学は形成され、したがってまた、すぐれた立憲主義的学者、思想家自身の論理が、およそ近代国家成立の——ブルジョア民主主義革命の——基本原理ともいうべき絶対君主制の否定、すなわち国民主権・人民主権原理の力説、反君主主義・共和制希求、人権の主張からは遠くはなれたものとならざるをえなかったことは、いわば民族的悲劇であった。」

（鈴木一九七五、一八七頁）

ここで鈴木は美濃部を「すぐれた立憲主義的学者、思想家」と認めつつも、美濃部の議論が、本来届くべきであった地点に到達していなかったことを嘆いている。美濃部自身の意図がどうであったか、という問題を遙かに越えて、自身の想定した目標を美濃部に課しているかのごとくである。鈴木はさらに、穂積八束の憲法学説が「文理的解釈としては、論理必然的な見解」(同二四九頁)であることを承認しつつも、「憲法典の規定そのものが、まぎれもなく「悪法」であったとき、しかもそれの変革はおろか、改正すらも不可能であると考えられたとき、憲法の正しい解釈とは、憲法本来の制定理由、憲法制定の背景や前提諸原理やに即したところの、そして条規の文言の文法的にも正しい解釈を意味するとはいいえない。近代憲法史の中で、近代憲法国家の一般原理として普遍的に確認された基本的諸原則に照らして、条規を再「構成」し、可能なかぎり論理的に、この民主的要求を実現しうるように完成された解釈こそ、正しい、正当な憲法論というべきである」(同二五〇頁)と述べ、美濃部説を「一定の限界内にとどまらざるをえなかった」ものと捉えている。では、鈴木の言う正しい解釈はどこに由来するのか。

(四) 鈴木安蔵の方法論

鈴木安蔵の目指すべき方向は、明白である。(6)

「資本主義社会の歴史的に必然的な発展のつぎの段階が社会主義社会であると信ずるわれわれは、資本主義国家における憲法——まぎれもないブルジョア憲法——を研究し、その下で人権のたたかいをすすめ、国政の民主化に努力するとき、ブルジョア憲法自体の限界を確認するとともに、そこに含意されている、あるいはそう解しうるいく多の規範について、歴史的に前進的な決定を構成しうるためには、体制的により高次的な社会主義憲法について検討する必要があろう。歴史の発展は継続的であり、そのいくつかの段階に断絶、飛躍、変革はあるにしても、巨視的に見れば継続し発展してゆく。それは、より高い段階への発展の過程にある。今日ブルジョア憲法の条規が、資本主義体制の枠による限界にもかかわらず、諸国におけるプロレタリアートの運動の展開を反映して、歴史的の発展方向に適応するような諸規定をふくんでいることは、特に第二次大戦後のヨーロッパ諸国の憲法にいちじるしい現象である。」(鈴木一九七五、四八六頁)

すなわち、美濃部に求められていたのは、資本主義から社会主義への移行という発展を遂げるに際して有用な解釈であり、それを行ない得たはずであるのに充分に実践できなかった人物として美濃部が描かれるのである。

(五) 長谷川正安の美濃部評価

これに対して長谷川正安は、美濃部に何らかの理想を仮託するかのような態度を見せていない。「美濃部憲法学は法制史の研究から出発しているが、その歴史は穂積の歴史とはまったくちがって、西ヨーロッパの近代公法史である。したがって、英仏独日のすべての憲法が、同じ歴史的範ちゅうとしての国家、憲法、立憲政治、議会主義、大臣責任制等々でとらえられている。それが一般国家学の方法なのであるが、その結果は、各国の歴史的発展段階の相違、各国固有の憲法観、制度が軽視されるという弊があることは否定できない。この点では、穂積説とは対照的である。美濃部は、ヨーロッパ的な憲法の諸概念をそのまま日本憲法にあてはめることにより、それからはみだすもの——国体、神権的天皇、その他の専制的要素——をその憲法学から排除した。それらの存在理由を否定したわけではないが、憲法学の観点からは否定して、明治憲法を、可能なかぎり合理的に説明するようつとめたのである」（長谷川一九九三、二一〇―二一一頁）

明治憲法を「可能なかぎり合理的に説明するようつとめた」ことを認めつつも、長谷川は鈴木とは異なり、美濃部自身の解釈の正しさを問題にしようとはしなかった。その所以は、以下の記述から明らかになる。

「美濃部憲法学は、明治憲法の解釈学であって、科学的・実証的な認識論ではない。そのことが、美濃部憲法学を、あるがままの明治憲法の説明であるよりもブルジョア化したその説明とさせていたのである。戦前のほとんどすべてについていえることであるが、それらは、明治憲法の条文の解釈を体系化したものであって、社会現象としての憲法を科学的に認識するというものではなかった。そしてそれが解釈であれば、解釈者のイデオロギー次第で、明治憲法を、実体以上に美化することも、反動的にえがくことも可能であった。」（同二一一頁）

解釈者のイデオロギーに左右される条文解釈と、憲法の科学的認識とを峻別し、美濃部を前者と規定することによって、長谷川は鈴木とは異なる見解を示している。

(六) 長谷川正安の問題意識

このような方法論は、長谷川が戦後のいくつかの法学論争をくぐり抜けながら育んできたものである。そのうち、法社会学論争[7]、法の解釈論争[8]については、長谷川自身が本書で回顧している[9]。とはいえ、長谷川の方法論も、その基盤が史的唯物論ないしマルクス主義法学であることにおいては、鈴木と異なるものではない。むしろ長谷川が強く問題視していたのは、戦後日本のあり方であった。[10]

「戦後日本の民主主義を、その支配体制について検討してみると、そこには一九五〇年、五五年という二つの転機があるように思われる。敗戦直後は、日本がまだブルジョア革命を経験していないこともあって、民主化とは反封建を主として意味していた。しかし、占領政策が転換すると、民主運動は、アメリカ帝国主義の反共軍事基地化政策とたたかわれなければならなくなるし、日本の独占が強化されると、独占の支配に枠をはめる必要も強くならざるをえない。そして、反独占ということの具体的内容は、時とともに変化し、今日では、独占が直接つくりだす公害反対などから、独占本位の国家政策――重税・高物価・インフレ等――反対まで社会生活の全般におよんでいる。民主主義の具体的内容が変化するのに応じて、民主主義法学の課題も変化しないではいない。」(長谷川一九七二、一一一―一一二頁)

法解釈の外側にあってそれを限界づけるものとしての、「客観的に認識された法規範」(長谷川一九六八、三〇頁)が要請されたがために、むしろ美濃部の学説は「科学的」でないものと位置付けられたのであった。[11]

三　マルクス主義法学についての若干の補足

ところで、本書には労働法学者沼田稲次郎[12]の回想も収録されている。彼もまた、マルクス主義法学の立場から学問を展開した人物のひとりである。昭和一三年に師である石田文次郎（京都帝国大学教授）に送った書簡[13]には、以下のように記されている。

「さて、資本主義社会の根本的矛盾が資本と賃労働との矛盾であることを思へば、そこに生ずる典型的な関係を鍵にして、却て生存権更に社会法の真の本質を認識することが出来ると思はれます。蓋し、典型的な具体的形象に於てこそ、普遍的・原理的なものが最も顕はに見出し得るからであります。そして、それ故、先生が私に、具体的な問題を選ぶことを勧めて下さったのは、全く正しい方法論的基礎をもつものと思ひまして、こゝに、私は具体的なテーマとして「労働組合法」と言う、可成り古いが、根源的に問はれたことのない課題、今日、高度資本主義時代の労働の統制その他統制経済が新らしく迫って来るとき労働者が、その利害を直ちに政府の利害に解消し尽くすことの出来ない限り、又、個々の資本家との関係に於ても、その生存権に根ざす、労働日の短縮の問題や賃銀問題、失業問題、災害扶助、労働者の教育と健康保全の問題などが労働者の団結を必要とする限り、その団結の組織や機能を研究することは必ずしも一笑に付さるべきことではあるまいと存じます。」（沼田一九九七、四二頁）

そして、組合法研究を志した沼田の戦後の著作は、労働者階級の団結を重視するものとなった。

「団結権は本来社会的に意思決定をうけた階級的人間の必然的結合の権利である。組合の結成は自由意思を媒介としてはいるが、単にそれにつきるものではない。これ以外に真の自由と平等とを確保し得ないことの自覚のもとに結成せられるものである。団結しないことは、かゝる自覚の欠如であるか連帯的社会からの脱落であるとせられる。多数者とはかゝる自覚の普遍的な仕方の主体的表現に外ならない。そして、かゝる普遍的自覚の主体の実践を通してのみ、全部が真に自由であり得るという根本的確信が支配している。組合においては、多数は単に原子の機械的集合ではなく、また、少数に対して量的に多であるというだけではなく、価値の序列を異にする。蓋し、その社会においては、多数であるということ其事が規範的正当性を主張しうるからである。組合における利益は個々の組合員の利益に解消し得ない所の全体の利益であり、その全体的利益を如何に守るかについての方法は多数の肯定するところでなければならないであろう。蓋し、少数者がこの全体的利益について支配するならば、その社会全体が階級的共通性を具有するが故に多数は之によつて却てその団結権を侵害せられるからである。即ち、組合においては、多数の団結権を阻害することなしには少数の団結せざるの自由は成り立ち得ないのである。従つて団結権の積極的保護は、団結せざる権利の制限を俟たずしては行われ得ないのである。」（沼田一九四八、二一二—二一三頁）

組合全体の利益を確保するためには、団結しない権利の制約もやむを得ないという沼田の立論を、蓼沼謙一は「『唯物史観』法学に立脚して資本主義法のイデオロギー批判と『戦闘的トレード・ユニオニズム』擁護の労働法理構築に専心」[14]したと評している（蓼沼一九九七、九〇頁）。

このような傾向を忌避したと回想するのが、西洋法制史学者の世良晃志郎である。

「さて、私は、ドイツの歴史法学派の流れをくむ従来の西洋法制史の研究方法には、以前からかなり強い疑問を感じていた。この方法では歴史を利用しての「法律学」はできても、法の「歴史学」はやれないのではないかということと、この学派の民族主義的な法律観がナチスを連想させること、この二点が私の主な疑問点であったように思う。この「方法」の問題についてごく自然に手がかりを与えてくれたのは、まずもってマルクシズムの考え方であった。……ところが、やや立ち入って法制史の研究をやり始めてみると、法制の発展を経済的下部構造の動きだけによって説明するという仕方では、到底満足な法制史の把握はできそうもないということに気づいてきた。他方で、当時のマルクシストの中にはかなり強引な発言をする人がいることも、だんだん気になり始めてきた。例えば、「自由」とはある体制「からの自由」ではなくて、体制参加「への自由」であるというような言い方によって、ブルジョア的自由ではなくて、ソ連的自由こそ「真の自由」であると説くごときである。とすると、ナチスの自由とどうちがうのだろうか。また、この当時には、マルクスの発言とちがうということを理由として、ある理論の真理性を否定するというようなやり方も、ごく一般的におこなわれていた。一体マルクスは「聖典」なのであろうか。」（世良晃志郎「ウェーバーとの出会い」本書四五―四六頁）

とはいえ、石川武が述べるところによれば、世良もまた、ウェーバーとマルクスという「二つの魂」（石川一九九〇、四一八頁）の間で揺れ動いていたようである。

四　結びに代えて

ここまで、鈴木安蔵と長谷川正安を主として取り上げてきた。そこから見えてくるのは、第一には戦時を体験したことの学問への影響の大きさであり、第二にはマルクス主義法学の影響力の強さである。憲法学の歴史は、このような特有の「場」の中で語られ始めたのであった。その構造を理解した上で、再度明治期以来の憲法学史と向き合う必要があるだろう。

【文献一覧】

石井保雄「沼田稲次郎の青春――『戦後労働法学』以前――」獨協法学一一三号（二〇二〇年）
石川武「世良晃志郎先生の逝去を悼んで」法制史研究三九号（一九九〇年）
影山日出弥「鈴木憲法学における史的唯物論の適用」法律時報四〇巻一一号（一九六八年）
金子勝「鈴木安蔵教授の略歴と著作目録」立正法学七巻一～四号（一九七四年）
金子勝「鈴木安蔵先生の思想と学問――社会科学としての憲法学の創始及び発展と日本国憲法擁護のためにささげられた生涯」法と民主主義一八七号（一九八四年）
須賀博志「明治憲法史研究の現在」法学教室三二八号（二〇〇八年）
鈴木安蔵『日本憲法学の生誕と発展』（叢文閣、一九三四年）
鈴木安蔵『日本憲法学史研究』（勁草書房、一九七五年）

高見勝利「解説」美濃部達吉『憲法講話』(岩波文庫、二〇一八年)
蓼沼謙一「沼田稲次郎先生を悼む」季刊労働法一八三号(一九九七年)
沼田稲次郎『日本労働法論(上)』(日本科学社、一九四八年)
沼田稲次郎「石田文次郎博士宛　昭和一三年八月二日　高岡市桜馬場の自宅より」労働法律旬報一四一三号(一九九七年)
長谷川正安「憲法学の基礎二　社会科学としての憲法学」法学セミナー一四六号(一九六八年)
長谷川正安「解説」同編『法学文献選集一　法学の方法』(学陽書房、一九七二年)
長谷川正安「上杉慎吉」潮見俊隆・利谷信義編『日本の法学者』(日本評論社、一九七五年)
長谷川正安『法学論争史』(学陽書房、一九七六年)
長谷川正安『日本憲法学の系譜』(勁草書房、一九九三年)
籾井常喜「沼田稲次郎先生の足跡――葬儀での『経歴紹介』から」労働法律旬報一四一三号(一九九七年)
森英樹「長谷川正安先生の生涯」杉原泰雄・樋口陽一・森英樹編『長谷川正安先生追悼論集　戦後法学と憲法――歴史・現状・展望』(日本評論社、二〇一二年)

(1)　鈴木安蔵の略歴については、金子一九七四、一九八四を参照した。
(2)　長谷川正安の略歴については、森二〇一二および同書巻末の「長谷川正安先生　略歴」を参照した。
(3)　鈴木も後年、このように回顧している。「わたくしの最初の憲法関係論文は、一九三三年の「憲法批判に関する一論綱」および同年の「日本憲法の理論的背景に関するノート」また著書「憲法の歴史的研究」所収の観念論的憲法概念の批判であったが、それは、われわれの人権を制限、抑圧し、国政の軍国主義的推進、イデオロギーの国家主義的統制を強行してきた天皇制国家権力の構造、それを合理化し正当化する憲法理論を批判しうる理論、方法論の探求を目ざしたものにほかならない。「日本資本主義発達史講座」のすぐれた成果を摂取しつつも、同時に、そこになお不十分な明治憲法体制自体の憲法学的・政治学的分析をはたすことの必要を痛感したのである。」（鈴木一九七五、四七八頁）

（4）「私が中学校に入った年（昭和一〇年）、天皇機関説事件がおきた。明治の終わりから大正にかけて、公法学界を二分して争われた「美濃部・上杉論争」で、美濃部の国家法人説・天皇機関説は支配的学説となり、それが二〇年以上つづいたのに、「国体明徴」を呼号する陸軍の圧力で、その学説は国禁となった。精緻な法理論は、声の大きな政治的スローガンのまえに、ひとたまりもなく崩壊したのであった。」（長谷川正安「三〇年目の八月一五日――戦争体験と法律家」本書七頁）

（5）ごく最近の例としては、美濃部達吉『憲法講話』の岩波文庫版に付された高見勝利の解説が挙げられる。「本書は、初版本の刊行時から機関説事件に至るまでの間、明治憲法の立憲的運用を定着させ、立憲秩序の安定化に仕え、実定憲法の内実をなすことを通じて、「明治憲法体制そのもの」（三谷太一郎『近代日本の戦争と政治』（岩波書店、一九九七年）二五五頁）の役割を果たすものであった。本書の記載内容が、いまの憲法の現況に即してみて、その一部であれ、私たちにとって合点のいくところがあるとすれば、それは、美濃部の説示した立憲主義が、その限りで、いまなお、この国に必ずしも根づいていないということである。刊行から百年、二つの憲法下における立憲主義の進展、現下の立憲主義の有り様を確かめるためにも、本書が広く読まれることを期待する。」（高見二〇一八、五九五頁）

（6）影山日出弥は、鈴木安蔵の学問について「鈴木憲法学における「社会科学としての憲法学」の方法論上の特色は、なによりも憲法学への史的唯物論の適用であったという点につきる」（影山一九六八、二一一頁）と端的に評している。

（7）「私たちが戦後ただちにとりくんだ法社会学という新しい法学のあり方は、そのようなものとして魅力があった。少なくとも私には、戒能・川島両教授のような、西ヨーロッパ的市民像をモデルにした、日本の近代化をめざす法社会学の傾向にはあまり魅力がなかった。法社会学は日本の政治そのものに根をおろした、もっともっと泥くさいものでなければならなかった。私のこんな気持が、私を、批判者として「法社会学論争」に参加させることになるのは、朝鮮戦争の前後である。」（長谷川正安「三〇年目の八月一五日――戦争体験と法律家」本書九―一〇頁）

（8）「昭和二八年ごろに、法の解釈について鋭い問題提起をした来栖教授は、憲法第九条のあまりにも恣意的な解釈にふれて、そのような気持になったのだといわれる。来栖教授の提起した問題ではじまる「法の解釈論争」で、私の心をもっとも強くとらえたのは、解釈者の責任の問題を正面からとりあげている点である。」（同一〇頁）

（9）『法学論争史』には、これらに加えて判例研究の方法論争が取り上げられている（長谷川一九七六、一四七頁以下）。

（10）この点において、宮沢俊義の示したある種の楽観主義との落差は歴然としている。「日本国憲法が保障する「自由のもたらす恵沢」を望ましく思う人は、結局は、それをもたらした戦争と降伏とに感謝することになるだろう。戦争と降伏がなかったと仮定してみると、実際問題として、「国体」ひとつをとってみても、少なくともあの時点における改革――「国体」の否認――は、不可能だったと思われるからである。さらに、基本的人権、ことに生存権や労働基本権などを現在のような形で実現することも、おそらくは不可能だったに違いない。こう考えてみると、今われわれが享受している数々の福祉は、すべて戦争と降伏とのおかげだということにならざるを得ない。」（宮沢俊義「〝自由のもたらす恵沢〟」本書一一一頁）

（11）その結果として、長谷川は自身の上杉慎吉論をこのように結ぶこととなった。「私たちはこれまで、現行憲法の立場にたって戦前の憲法の歴史をかえりみるため、美濃部説にのみ関心をよせがちであった。しかし、明治憲法の全歴史を検討する場合には、それでは一面的である。とりわけ、現行憲法の民主主義的原理がたてまえ化してしまって、現実政治のなかに実現していないのを考慮すると、明治憲法下での上杉説の存在の意味をもう一度検討してみる必要を感じさせられるのである。」（長谷川一九七五、二一七頁）

(12) 沼田稲次郎の略歴等については、籾井一九九七を参照されたい。
(13) 石井二〇二〇は、この書簡全体について詳細な分析を行なっている。
(14) ただし、沼田は一九七九年から一九八〇年にかけて、「『人間の尊厳』の理念にもとづく労働法理再構築」(蓼沼一九九七、九〇頁)を提唱することとなった。

「世界政府論」と「中立論」のあいだ
――戦後国際法学のなかの日本政治外交史

前田亮介

はじめに

本書には三人のよく知られた国際法学者が登場する。立作太郎（一八七四―一九四三）の後継者として東京（帝国）大学法学部教授を長らく務め、一九六〇年には第三代・最高裁判所長官に就任した**横田喜三郎**（一八九六―一九九三）、やはり戦前と戦後を貫く形で活躍し、横田と講和期に論争した田岡良一（一八九八―一九八五）とともに京大国際法学の象徴だった**田畑茂二郎**（一九一一―二〇〇一）、そして戦前は東京帝国大学助教授として（同僚の横田と対照的に）満洲事変後の「広域秩序」構想に大きく接近するも、教職追放となった戦後は一転、原水禁運動に身を捧げ、また北朝鮮のチュチェ思想にも傾倒する振幅を示した**安井郁**（一九〇七―一九八〇）である。横田・田畑・安井の軌跡のこうした多様性を反映して、それぞれの八月十五日の回顧にも、いわば「生誕三十周年」を迎えた戦後国際法学が当初内包していた複数の知的文脈の痕跡を認めることができる。

この解説ではそうした複数の知的文脈として、「世界政府論」と「中立論」という二つの対抗的な国際秩序論に注目してみたい。そして敗戦国日本のあり方をめぐるこの対抗関係が、講和や日米安保条約をめぐる政治的立場の問題にとどまらず、国際法学が歴史的・社会的な事情といった「法外」の要素をどこまで組みこむかという問題（とりわけ「法と政治」の問題）[1]でもあったことに、あらためて留意する。「世界政府論」と「中立論」のあいだで展開された日本の戦後国際法学にとって、政治学・国際政治学との対話の拡大がどのような意味をもったのか、また敗戦という経験は法学者たちにどのような政治学的な課題を投げかけ、翻って政治学者たちは国際法学の問題提起をどのように受け止めたのか。本稿では、政治学の一分野として、とくに吉野作造（一八七八―一九三三）を始祖とする日本政治外交史が横田・田畑・安井三者に与えた複雑な諸作用に光をあてる。政治学に歴史学的手法を導入する日本政治外交史の知見は、個々の主権国家の上位に何らかのグローバルな権力体を認める「世界政府論」であれ、勢力均衡に基づく永世中立の主張から日米同盟を相対化する主張まで包含した「中立論」であれ、国際法学者による日本外交構想に相応の霊感を与えたと考えられるからである。以下そうした視点を通じて、戦前から戦後初期にかけての二つの学知――国際法学と日本政治外交史――の交錯・共振・分岐のプロセスを跡づける一助としたい。[2]

一　戦前の文脈――純粋法学・対・反純粋法学

まず横田の「**敗戦を喜ぶ**」と題した回顧から取り上げよう。「満州事変から、支那事変をへて、太平洋戦争に至るまで、わたくしは、常に日本の軍事行動に反対していた。」と胸を張る横田は、たしかに戦後の論壇でその自負を誇るに足る、輝かしい来歴の持ち主であった。満洲事変の勃発時、これを自衛権の逸脱と公然と批判し、国際連盟の介入を擁護するなど、ハンス・ケルゼンの純粋法学で理論武装した国際法上位一元論の立場から、日本の対外膨張への批判的態度を戦争終結まで一貫させたからである。(3) そして八月十五日に敗戦を「祝福」した横田はその三十年後、平和・自由・民主という戦後日本の将来をめぐる予感が的中したこと、またそれが日本国憲法と整合的だったことを、次のように強調する。

平和で自由な日本は、なによりも、新憲法によって生まれた。この新憲法は、そのころに想像もされなかったほどに、平和的な、自由主義的な、民主的なものであった。……この新憲法を守り育てねばならないとおもった。（傍点は前田）

戦後まもない時期の横田は、「新憲法を守り育て」るべく、評論や講演に「寝食を忘れて」日々没頭しており、講演で疲れて帰宅した日も夕食後は夜一一時頃まで執筆し、起床時間は午前三時から五時の間だったとある。戦前の言動から方々で引っ張りだこだったとはいえ、五十歳前後という敗戦当時の年齢を考えても、驚くべき頑健さである。

ただ、横田の「新憲法」を「守り育てる」啓蒙活動が、何より国際法学者としての問題意識に基づくものだったことは注意すべきだろう。戦後の三十年の歩みへの横田のいささか楽観的な評価も、「世界国家」である国連の集団安全保障への期待と憲法九条への期待を「国際民主主義」として統合することで可能になっていた[4]。敗戦直後の論壇では世界政府／世界国家論が氾濫しており[5]、横田はその最も有力なオピニオン・リーダーの一人だったのである。しかも横田は占領下にある日本政府の立場の「公的解釈者」[6]の一面すら有していた。連合国による日本の外交権停止の方向をふまえ、外務省は当初、田岡良一の建策に基づき征服ではない合意による終戦では、(対外的) 主権は制限されないとの論理で抵抗しようとした。だが一九四五年末の外交権の全面停止を受け、外務省は巻き返し戦略として一転、アメリカに同調して非懲罰的講和を勝ち取り、さらに日本が国際連合に積極的に協力し、列国にも「世界連合政府」をめざすよう要求する路線へ方針転換する。日本一国ではない国際社会の「主権」のもとで「国際民主主義運動」に参加することで、日本の自律性を回復しようとしたのである。この新路線の理論的支柱こそ横田であり、横田の世界政府論は条約局長・萩原徹を介して外務省の法理に採用される。以上の転換がやがて国連憲章と日米安保条約を解釈上結合させていく[7]。

つまり横田にとって、誕生まもない日本国憲法の質を定める試金石は内政ではなくあくまで外交であって、とくに敗戦国も (将来は常任理事国として) 包摂しうる普遍性をもった国連の集団安全保障に日本が寄与することに求められていた。横田の同僚で、集団安全保障をより強く正戦論と結びつけた商法学者の田中耕太郎 (一八九〇―一九七四) も、横田の還暦記念論集に寄せた論文で、国際社会の現実から[8]

国連の将来を悲観する「ユートピア的平和論者」を念頭におきつつ、「しかし我々はこれ〔国連〕を人類社会の進歩の一齣として気長に忍耐強く見守り、これを育て上げて行かなければならない。」と記している。[9] 国際社会における「中立」を退け「干渉」を掲げる田中や横田のような立場にとって、国際法（世界法）と憲法の境界は間々シームレスであり、こうした「正義」の「法廷」は断乎たる姿勢で保護・育成に日々努めなければ、野蛮な暴力[10]でたやすく毀損されてしまうひ弱な存在として観念されていた。

ただ、戦間期以来の国際主義と純粋法学への信仰に裏打ちされた横田の日本外交構想に満足できない国際法学者は、戦前も戦後も決して少なくなかった。横田の次世代である安井郁や田畑茂二郎はその代表である。とくに安井は戦前期から、純粋法学に代わる新しい国際法学をめざす「未明会」を、京都帝大助教授となって間もない田畑と立ち上げるなど、[11]（東京帝大で安井の指導を仰いだ外交史家・細谷千博の言を借りれば）「国際法を論理的に完結した法律書として解釈することではあきたらず、生きている国際法、現実に国際法の果している機能を把握することを早くから意図」した研究を進めていた。[12] こうした「法律書」の外部にある国際法の社会的・政治的機能を注視するうえで、安井と田畑が共通して参照し、ともに強い刺戟を受けたのが、当時、国際法学から国際政治学に接近しつつあったハンス・モーゲンソーである。[13] そして、実定法規範の形式的・論理的把握に専念する「規範主義」（「法実証主義」）を法的な現実から乖離していると批判した田畑ら反実証主義の若手が、モーゲンソーに依拠して「政治的紛争」の概念に着目したのに対し、横田は法的紛争の問題を実定法の枠内で解決しようとし、モーゲンソーについてもほぼ黙殺する。[14] このように戦前の安井と田畑は、戦時期の大東亜共栄圏構想の方向をめぐっては分岐を示したものの、[15] 実定法の外延への戦線拡大志向は一致していた。満洲事変後の国際連盟の比重の低下と地域主義の浮上と相まって、「東洋のケルゼン」横田を仮想敵とするポスト純粋法学・反実証主義へのゆるやかな連合が、新進国際法学者たちの間に生まれつつあったのである。[16] では、いかなるオルタナティヴがありえたのだろうか。

安井による八月十五日の回顧「**生涯の重要な分岐点**」は、終戦の前後で立場や学問に変化はなかったと繰り返す横田と異なり、「私の生活と学問における戦時と戦後とのつながりを明らかにしておくこと」への強迫的で悲愴な「覚悟」に満ちている。八月十五日は事実としてのみならず、当為としても「生涯の重要な分岐点」にしなければならないのである。日本のアジア政策の「悲劇的な二重性」をふまえた「戦時」の「実践」と「思索」を安井は語っているが、ここでは「国際法学の立場と方法の探求」をめぐる「思索」に話を限定しよう。伝統的な国際法理論に加えて複数の新理論（純粋法学派の国際法学、ソヴィエト国際法学など）が対立する「混沌たる状態」下で研究の道に入った安井は、一九三九年刊行の教科書では「世界主義の理想を追求して国際法の現実から遊離した空論に走る」純粋法学と、「現実の政治的要求に捉われて特定の外交政策の非科学的な弁護に堕する」ソヴィエト国際法学の双方を批判し、それぞれに国際法学の必要な「現実性」と「科学性」を対置していた。「現実性」は「国際法学の対象の政治的制約を肯定」すること、「科学性」は「国際法学の方法の政治的制約を否定」することを指しており、とくに前者にはモーゲンソーの影響がみてとれる。ただこの二正面作戦は「欠陥」があり、

「戦時の特殊な環境のなかで、この行路は私にとってかなり険しいものであった」。それだけに安井は戦後、レーニンを再読することで「周囲で支配的だった新カント派の認識論」の残影を断ち切るとともに、「戦時」の苦い反省をふまえた「戦後」の「実践」の再構築[17]にむかったのである。

注目すべきは戦後の安井にとって、「現実性」と「科学性」をふまえた「戦時と戦後とのつながり」の再確認の作業が、「思索」の次元では、日本の国際法受容をめぐる歴史叙述にも託されていたことである。安井は法政大学法学部での講義に基づく『国際法講義』(一九六一年)の序章を、一般的な国際法の定義からではなく「われわれの祖国日本が国際法と接触した歴史過程の分析」から始めているが、その意図と経緯について、回顧中でも言及した戦後の主著『国際法学と弁証法』に興味深い記述がある。

日本の開国と国際法の問題は戦争末期に東京大学法学部研究室吉野文庫の豊富な文献と資料を使って研究を進めたことがあったが、間もなく東京大学を去ったために研究を中断することをよぎなくされ、幾冊かのノートだけが手許に残った。吉野作造博士や尾佐竹猛博士など幕末・明治史研究の先駆者たちの業績は、国際法学者によってもうけつがれ、発展させられなければならない[18]。

敗戦前夜の安井が、一方で大東亜国際法構想に深く携わりながら、他方で吉野文庫の資料を用いて「日本の開国と国際法の問題」の研究に着手しようとしていたことを、この証言は伝えている。実際のところ、安井の国際秩序論と吉野のそれがどこまで共振するものだったかはかなり微妙である(むしろ吉野直系の法学者は、本書に「**見込みのない愚かな戦争**」を寄せ、潜在意識にあるナショナリズムを自認しつつ、「私は世界史の転換という私の言葉に激励されて出征して行った学生諸君にすまないと思う」と教え子を戦場に送った悔恨を吐露する**河村又介**（一八九四―一九七九）だろう[19]。しかし安井としては、戦間期国際法学への批判の拠点として、また来るべき「現実的・科学的」な国際法学の祖として、吉野作造とその「日本政治外交史」の研究[20]を位置づけていただろうことが、この記述から読み取れる。

ここで「先駆者たちの業績」とされるのは、タイトルが明示されてはいないが、吉野作造の記念碑的な論文「我国近代史に於ける政治意識の発生」（『政治学研究　小野塚教授在職廿五年記念』二、岩波書店、一九二七年）と、尾佐竹猛（一八八〇―一九四六）の著書『国際法より観たる幕末外交物語』（文化生活研究会、一九二六年）および『近世日本の国際観念の発達』（共立社、一九三二年）のことだろう。吉野の「政治意識」論文は政治学史上の劃期だが、幕末期の万国公法の受容を儒教的な「公法／公道」観念から位置づけた点で、戦前日本の国際法学史の理解にも実は欠かせない[21]。そして明治維新期の国際法観を自然法の系譜に位置づける吉野の視角を一九三〇年代に継承し、欧米の国際法学の知見と総合したのが、田畑とも一時期近い関係にあった東京商科大学の国際法学者・大平善梧（一九〇五―一九八九）だった[22]。

こうした歴史研究の成果が登場する中、日本国際法学史のはじめての通史の叙述が第二次世界大戦中に相次ぎ発表される。信夫淳平（一八七一―一九六二）の「我国に於ける戦時国際法の発達」（国際法外交雑誌四二巻一号、一九四三年）と、横田の「わが国における国際法の研究」（東京帝国大学編刊『東京帝国大学学術大観』一九四二年）である。ただし、外交官出身で国際法学者かつ外交史家でもあった信夫が、学問内在的な発展史にとどまらない政治外交史・国際法史・国際法学史の領分を総合した叙述をめざし、吉野と大平の知見も参照したのに対し、横田は叙述の対象を「国際法の専門的研究の歴史」に限定するとともに吉野・大平への論及は避け、吉野が政治的ダイナミズムを見出した一九世紀日本についても、真の学問的な国際法研究が始まる以前の「前史時代」とのみ位置づけた。

このような「日本の開国と国際法の問題」の歴史叙述をめぐる横田・対・吉野（・尾佐竹）――大平――信夫の対抗関係は、政治学者の投じたボールを法学者がいかに受けとるかという問題でもあって、ここまで論じてきた戦間期における横田と反横田（安井・田畑・大平ら）の対抗関係と重なると考えられる。少なくとも、太平洋戦争末期に吉野文庫に熱心に通った安井が、日本国際法学史の二つの通史のコントラストを強く意識したとの推測は許されるのではないだろうか。しかし安井の野心的なプロジェクトは形を結ばず、また一九四二年から翌年に自らの教授昇任をめぐる教授会内紛の当事者となり[23]、敗戦後は体制派として責任を横田らに追及された[24]。本書でともに三十年前を振り返る横田と安井のあいだには、敗戦によって覆い隠された「戦前」の文脈が横たわっていたのである。

二　戦後の文脈――集団安全保障・対・「世界の討議場」

ところで、田畑が八月十五日を振り返った「**重圧感からの解放**」は、印象的な三つの場面からなっている。まず田畑は当日、家族が疎開する京都近郊に滞在しており、「詔勅を直接聞いた瞬間の感動を体験していない」。そのことは敗北感よりも「戦死した友人のことなどがフッと」よぎるような「なんともいえない複雑な気持」を抱かせたものの、すぐに生きていける喜びが訪れる。「暗い深淵の中にひきずりこまれていきそうな思いで重苦しい毎日を過ごしていた自分の目の前が、急にパッと開けたように思われ」たのである。

ただ「連合国軍による占領という、これまでまったく経験したことのない新しい事態」に、田岡は国際法学者としてコミットしたわけではない。回顧の第二の場面は、八月十五日から数日後、大阪の高射砲師団から研究室への訪問者が降伏についてアドバイスを求めたことに始まる。田畑は大阪天王寺公園の師団司令部に同僚の田岡良一とともに足を運ぶことになったが、そこで目にしたのは、佐官級から将官級まで「昨日までは肩をいからせていた人達」が権力の支えを失い、思考停止状態に陥る「情な」い光景だった。忘れがたい原風景ではあったのだろう。このように、解放感とやや傍観者的な諦観が混ざり合う第一・第二の場面の印象的な描写によって、「僕にとっての最大の仕事」たる国家平等原則の思想史的研究に沈潜した、つづく第三の場面が鮮やかに浮かび上がる回顧の構造になっているのである。

そして田畑は「戦争中、時には燈火管制下の暗い明りの下で細々と書きとめてきた」この研究を『国家平等観念の転換』(秋田屋、一九四六年)にまとめ、続けて論文も発表していく。原題が「国家平等の原則」だったこの主著で田畑は、グロティウスではなくヴァッテルに近代国際法思想の源流を見出すとともに、「国家主権観念のもつ歴史的な性格に新しい照明を与える」ことが「今日の国際法上の問題を考える上にもかなり重要な意味」を付与したと評価している。ヴァッテルが「市民的自由を基調とする国民国家形成過程」で「絶対主義的国家からの干渉」を排除することをめざしていたように、主権には「一種の抗議的概念としての性格」があった。主権のこの「抗議的」な性格こそ「今日の国際上の問題」

にアクチュアリティを持つというのが、田畑の戦後三十年時点の総括であった。

回顧でも田畑は戦間期以来の「西欧国際法学」が主権を否定する傾向に触れつつ、非西欧圏、つまりソ連などの社会主義国家や新興独立諸国の国際法学では、むしろ国家主権が重視されていると述べる。前者では「資本主義諸国による干渉」が、後者では「新植民地主義」が、主権を理由に排除できるためである。このように田畑は、自らが戦時・戦後の西欧思想史研究から再発見した主権と独立が、国際社会を規定する原理として「西欧国際法学」、さらに西欧世界を超える普遍性をもつことを示唆している。

この『国家平等観念の転換』について、田畑自身は本書と別の回顧録で「政治学など国際法以外の専門の人びとからわりあい関心をもたれて、中村哲氏（元法大総長・政治学）などかなり好意的な長い書評をしてくれました。」と語っている。[25] 中村はたしかに本来は憲法学より政治学者であり、[26] 意外な読者の獲得にわが意を得たと感じたのかもしれない。ただ、「篤実な学風」と題した中村の書評（『書評』二一五、一九四七年）の筆致は、必ずしも田畑に「かなり好意的」ではない。まず新憲法が「世界性の構想」を前提に制定された今日、憲法前文の精神の理解を助ける本書は時宜を得たもので、「国家平等といふ国際政治の基本的な問題に向」ったことを中村は高く評価する。ただ学説史の背景にある国際環境への論及や社会史的分析が不在で、また何より国家平等は国際社会に未だ実現しておらず、しかも今日世界は二つに分かれてしまってさえいる。「問題の出発はかへってそこからであ」り、「従来の意味での国際法学者の任務」や「これまでの国際法学者の限界から脱出しなければ、生きた国際法を把握し得ない」と手厳しい。要するに、「篤実な学風」におさまらずより大胆に国際政治（学）に接近してほしいというのが、政治学者たる中村の注文であった。

政治学者以上に田畑の新著に魅了されたのは、かつて「未明会」に集ったような反横田の国際法学者だった。たとえば大平善梧は一九四八年の文献レビューで、「国際連合の法理」の「根本的究明」をめざした研究として『転換』を横田『国際連合の研究』(銀座出版社、一九四七年)とともに大きく取り上げている[27]。そもそも「国際法学の在り方」は「国際社会の現実」(の変化)によって「支配」されると考える大平は、第二次大戦後の国際社会も従来の多元的・平面的な「勢力均衡の法理」から、圧倒的に優越した「強国」を頂点とする立体的な「階層の法理」に移行しつつあり、「今日の国際法」は「国際社会の階層的組織の形成原理」たらねばならないとする。「新しい世界平和機構」たる国際連合もこれを反映して、国家主権から出発して「契約」的な構造をとる「均衡の国際法」に代わり構成諸国の協働と調和をめざす「階層の国際法」の「中核体」となるだろう。政治学や哲学の課題とされてきたこの「国際社会の原理的解剖」に国際法学者が正面から取り組むとき、「新しい国際法の健実な出立が行はれ得る」。そして「戦時中に行った国際社会の解剖の研究」たる田畑の著書は、「直接には国際連合を取扱ったものではないが、国際社会の構造の変化と国家平等との関連を説いて、階層の国際法理を明瞭ならしめ」た点で、大きな現代的意義が見出されるのである。

他方、「国際的民主主義」に立つ横田の新著は、国連憲章第二条第一項の成文的根拠に基づき「国家平等論」を肯定し、多数決の原理で統合された国連の意志を形成しようとするが、これは勢力均衡から階層へという今日の国際秩序の変化に鑑みると、「国際社会の現実的構成原理」としては役立たない。

また精細な推理を重ねる田畑と対照的なシンプルな立論のため「大上段からきめつける所があり、そのため思はぬ無理が生じてくる」。横田の『国際聯合研究と解説』（政治教育協会、一九四六年）を含む日本の国連研究が「主として連合憲法の注釈に堕し、啓蒙的なものが多い」との指摘や、「合意は拘束する」pacta sunt servanda の基本命題の上に立つ純粋法学では、創造期の法理論とはならないことは明白であると の印象的な断言をふまえると、ここで大平が横田より田畑の立場に与しているのは疑いない。成文を整合的に解釈する実定法の外に踏みでる、歴史と思想に根差した国際法学こそ、日本の「創造期の法理論」にふさわしいと大平は考えたのだろう。

実際のところ大平の立論には、戦時中の大東亜共栄圏における指導国原理や地域主義のような「階層の法理」の模索を戦後の国際連合に投影した部分があり、大平や松下正壽、神川彦松らリアリストの世界政府論の系譜は、（横田とも異なり）大国の覇権をおおらかに肯定するドライブを内包していた。[28] また田畑が階層の法理という「国家の平等権の質的な転換」をはかった点で横田より「遥かに進歩的」とするのも牽強付会だろう。戦時の田畑が広域秩序の内部から主導国支配を相対化することで、脱植民地化争点と共振しうる主権概念の復権を準備したとすれば、田畑の戦後国際秩序論は主権国家の上位の権力体に警戒的な「中立論」と親和的で、むしろ「均衡の国際法」に属すると考えられるからである。田畑の時評集『国際法・国際政治の諸問題』（有信堂文庫、一九五五年）の「はしがき」には、「全体の基調」として「抽象的・観念的なコスモポリタニズムの立場を批判し、国家の主権・独立を前提する国際主義の今日における正しい在り方を考え」ようとしたとあるが、これは横田流の世界政府論への明確な拒絶である。実際、日本の国連加盟を前に、西側世界の一員としての国際関与を唱える横田と、第三諸国との連帯による冷戦の緊張緩和を説く田畑の距離は鮮明になっていく。[29]

しかし田畑は『世界政府の思想』（岩波新書、一九五〇年）をいち早くまとめたように、実は世界政府論の次元でも積極的な構想（「国家の主権・独立を前提する国際主義」）をめざした節がある。田畑は一九四七年一月、大国による複数ブロックへの世界分割を論じたE・H・カーの『平和の条件』を批判的に検討し、むしろ国際社会の「統一的組織化」の趨勢のもと諸ブロックは「普遍的統一的な国際組織」に包摂されつつあり、大国一致が死活的に重要だと主張していた。こうした「世界国家論の止揚」[30]の延長にあるのが、「世界の討議場」（world forum）としての国連という、横田と大きく異なる国際機構観である。冷戦の東アジアへの波及と日本の独立を念頭に、田畑が一九五一年発表した「国際政治における大国と小国」は、この国連＝「世界の討議場」論を体系的に展開した最初期のものと思われる。[31]

この論文は冒頭から、「国際政治は、すべての政治現象がそうであるように、というよりも、一層正確にいえば、他のいずれの場合にもみられない最もきわだった仕方が展開される、力による闘争だということができるであろう。どのように崇高な目的が掲げられようとも、国際政治の舞台においては、何等かの政治力を背景としないでは、すべてはかない主張に終るほかはない。ことに、そうした政治力を構成する要素として、軍事力が最も大きな比重を占めることも、他にみられない国際政治の特徴であって、そうした意味から、大国と小国、強国と弱国といった区別が、国際政治現象の指標として、特殊の意味をもってくることは、いずれにしても否定し難い事実なのである。」と、リアリストと見紛うような力強い筆致ではじまる。国連の体制や戦後処理の方式も大国中心であり、兵器の飛躍的進歩は大国と小国の力の差を一層隔絶させる。安保理での大国の拒否権もまた、大国間の協力なしに平和が維持しえないという「国際社会の冷厳たる事実を反映」した制度にほかならない。国連の「普遍性をねがう立場」からの拒否権批判は当然としても、「すべての面において大国の立場と小国の立場とを抽象的に平等化して考えることは、小国自身の立場にとっても極めて危険」なのである。

大国と小国の「抽象的な平等化」を斥ける田畑の国連観は、ややもすれば大平のような「階層の国際法」と親和的に映るかもしれない。だが田畑の議論の主眼は、一方で戦争防止のためには（ナイーヴな国家平等論ではなく）圧倒的な軍事力に裏づけられた大国間協調が制度化される必然性を強調しながらも（たとえば安保理に代わる総会決議の強化論は、拒否権を行使した大国が事実上の制裁対象となってしまう点で「最後の切札」である）、他方では国際政治の「裸のままの力の果す役割」の抑制機能が多数の小国を主体として生じつつある可能性を積極的に評価するという、複層的・多角的な国連の政治力学への着目にある。そして、国連が戦争防止のフェイズでは大国の「裸のままの力」になお頼るほかないかもしれないが、一段下の国際紛争調停のフェイズでは中小国も参加する「世界の議場」として、大国をも制約しうる存在感を発揮する点に注意を促している。

興味深いのは、活動領域を拡大させつつある小国が、「いわゆる「二つの世界」」という「新しい形態の勢力均衡」のバランサーと位置づけられることだろう。田畑の「中立諸国」への期待はこの後、植民地独立の進展とともに高揚していくが、この時点では一九世紀イギリスが欧州大陸で担った「均衡調整者」のアナロジー[32]を持ちだしている。もちろんイギリスのような調停機能を中小諸国は果たしえないが、同時に二〇世紀には体制の異なる国家間関係も拘束する「国際道徳[33]」が発達し、さらに主権国家間の討議と決議という新たな「チャネル」で権力の行使を方向づける国際機構が登場した。田畑のみるところ国連の出現は、「決して国際社会における権力政治の終焉を意味するものではない」ものの、「権力政治の展開される舞台」の変更として大きな意味を持つ。国連やその「世界の討議場」としての役割を、過小評価も過大評価もしてはならないことを田畑は重ねて説いている[34]。したがって国連機能の重点も、世界戦争の危険を内包した強制力発動（戦争防止）のフェイズより、討議と調停による紛争の平和的解決のフェイズ（戦争への発展を防ぐ努力[35]）に置かれるべきだが、田畑も引くダレスの発言のように「今日のところ、それがせい一ぱいであって、それ以上のものではない」。要するに国連の「限界」をかみしめつつ、可能な範囲で制度を活用していく冷めたリアリズムが「世界の討議場」論の本旨であり、それは話し合いで問題が解決するといった楽観的認識とはほど遠い[36]。またこの立場が、「憲章そのものの立前」に沿った強制機関という創設当時の国連観も現実の変化に応じて柔軟に修正していくという、戦前以来の反実証主義の発想に則った主張であることも、あらためて強調すべきだろう[37]。

このように「世界の討議場」論は、初期の東西冷戦を新しい「勢力均衡」と捉えるような権力政治の不変の現実への直視と、国連が権力政治に果たしつつある新たな変化への期待を、平和に対する一方的な楽観や悲観に陥ることなく柔軟に接合した議論だった。世界政府論のみならず勢力均衡論の止揚でもあったといえよう。しかしながら、田畑の議論は集団安全保障体制への批判を、朝鮮国連軍の派遣のような「大国」（アメリカ）の自己利益による動員への批判によって代替する一面があった。加えて、国連活動のなかの集団安全保障体制の位置づけも当初の振幅が失われ、中小国の台頭がこれを補完・強化する意義[38]より無力化する意義が次第に強調されていく。ただ大国による恣意的な権力行使の危険は、国連政治の問題ではあれ、集団安全保障体制に固有の問題ではない[39]。国家理性を「抗議的概念」たる主権から位置づけた田畑は、小国論の名手であっても大国の内在的洞察は欠きがちであり、その「非武装中立」論をはじめ[40]、六〇年代以降に緊張感ある時評を展開したかはやや疑問である[41]。これは根本的には、連盟が十全に機能しない戦間期に反実証主義の観点から出発した国際法学者が、国連憲章体制が順調に定着していく戦後に訴求力を保つことの困難[42]だったかもしれない。

田畑による「法と政治」の主題の探求がより豊かに花開いたのは、アカデミズムの領域だっただろう。同僚の外交史家との交流の形跡は薄く[43]、横田と異なる「学風」で「日本の国際法学の学問的基礎」を作った田岡良一[44]との関係が探求の機会を提供した。歴史家的な資質をもった田岡が田畑と共催した国際問題研究会は、国際法・国際私法のみならず、関西の国際政治学や外交史の若手研究者が集うプラットフォームとなっており[45]、たとえば高坂正堯門下で、一九世紀前半のイギリス外交で「不介入」原理が行動準則となる過程を主権論から民族自決論にいたる国際政治思想史として跡づけた中西輝政（当時京大法学部助手）も、田畑の業績を多くふまえている[46]。さらに後進の国際法学者の間でも、田岡の「西周助「万国公法」」（『国際法外交雑誌』七一―一、一九七二年）や『大津事件の再評価』（有斐閣、一九七六年）といった仕事におそらく触発され、日本の開国と国際法受容という吉野以来の主題の考察が深められた[47]。

おそらくこうした環境も手伝い、田畑の歴史への感度は後半生も衰えなかった。英訳され国際的にも高い評価を得た大沼保昭編『戦争と平和の法』（東信堂、一九八七年）への書評で、田畑は編者大沼の「近代国際法思想のイデオロギー性」（西洋中心主義）批判の姿勢について、二つの鋭い注文を付している。

その一つは、ヨーロッパ的世界の枠内で形成された思想が、そのことのゆえに、すべて当然に普遍妥当性をもたないといってよいかどうか、ということである。……いま一つは、思想のイデオロギー性という場合、思想そのものから無媒介に、ということは、歴史的社会的条件抜きで、イデオロギー性を語ることができるかどうかということである。歴史のある段階において、一定の条件の下に、特定の目的に奉仕したとみられる原則が、その後の歴史過程の中で、そうした政治的な意味合いを越えた普遍的な妥当性を与えられるという現象も、場合によっては、認められるのではないか[48]。

ここには、純粋法学と対決しつつ西欧・近世という空間的・時間的範囲に沈潜することを通じて、普遍的な妥当性をもつ国際法理論を鍛え上げていった田畑の矜持が現われている。今日支配的な場所で「特定の目的」への奉仕を目的に編まれた思想も、その出生地の正統性自体を反転して問いなおすようなラディカルな広がりを内包しているかもしれない。「抗議的概念」たる主権の再発見から「世界の討議場」まで、中立論と世界政府論のあいだを往復し続けた田畑の活力の源泉は、やはり歴史との対話にあったといえるのではないだろうか。

おわりに――政治外交史が国際法学から分離するとき

安井や田畑のような法学者にとって、戦争から敗戦・占領にいたる異常な時代は否応なくせり出してくる「政治」ないし法外の異物をいかに法と均衡させるかという、思想課題を抱えこむ契機だった。政治学、こと政治外交史とのインターディシプナリーな交錯の可能性もそこに生まれていた。しかも興味深いことに、そうした交流に積極的だったのは、戦後において世界政府論（・単独講和・日米安保）を支持した横田の系譜ではなく、中立論（・全面講和・対米自立）を支持した反横田の系譜であり、少なからぬ日本政治外交史研究者が戦前／戦後日本の国際協調の歴史として日米関係史に着手していく経緯を考えると、安保改定以降の国内冷戦の定着までは「ねじれ」があったといえよう。この「ねじれ」は八月十五日から三十年が経った回顧時点（一九七五年）でも解消されているし、まして今日、国際法学と政治外交史は完全に分離しており、そこにあった交錯や共振は忘却されて久しい。

ただそこに、忘却を不可避にするような分岐点があったことも付記しておくべきだろう。カギとなるのは、ともに国際法学にルーツや基盤を持ちながら、政治学として政治外交史を自立させていった坂野正高（一九一六―一九八五）と細谷千博（一九二〇―二〇一一）である。まず坂野については田畑の証言を挙げておこう。田畑は国際法学会理事長時代の一九七五年に刊行した『国際法辞典』（鹿島出版社）の編集にあたって、外交史と国際法を分離させるという坂野の意見を採用し、その結果、田岡理事長時代に計画されるも頓挫した『国際法外交辞典』の二の舞は避けられたという[49]。このことはしかし、単なる成功譚ではなく、国際法学と外交史学の分離を象徴する出来事だったと思われる。坂野の恩師たる植田敏雄（一九〇四―一九七五）は国際法学に強い帰属意識があり、「外交史」とはいっても、政治学より法律学に歴史学的な視点を持ちこんだ色彩が強かった[50]。この先行世代に対し、中国政治外交史を政治学に位置づけなおそうとする坂野が参照した文献が、若き田畑や安井に霊感を与えたモーゲンソーだったことは興味深い（坂野は演習でモーゲンソーを講読した際、注で参照された文献にもくまなくあたるよう学生に促したという）[51]。植田のいわば「法学的な中国外交史」と緊張関係に立ちつつ[52]、政治学や心理学、そして歴史学の知見を総動員して外交現象に接近を図った坂野にとって、国際法学からの政治（外交史）学の自立は切実な課題だったはずである。また国際法学（会）と比べた国際政治学・外交史の傍流感覚は、国際政治学会に集った人々にも少なからず共有されていた[53]。

他方で細谷千博は、マルクス・レーニン主義に接近した安井郁と[54]、「天性ナショナリストで国家利益の擁護がその念頭に常にあった」大平善梧という二人の個性的な国際法学者に学んで日本外交史の大家となった[55]。細谷の知性史的な検討は後考を俟たざるをえないが[56]、たとえば東大法学部で吉野の日本政治外交史を継承した岡義武（一九〇二―一九九〇）が、国際社会を赤裸々な権力政治の世界と位置づけた明治維新指導者たちの「武士のモラル」を評価した反面、吉野の国際主義を批判するかのように、明治初年に存在した国際法への過剰な期待感を冷ややかに描いたことからすると[57]、国際法学（反横田の系譜）と政治外交史の対話は、元来「傍流」の細谷に担われたといえるかもしれない。現実の国際情勢をめぐっても、細谷には「新しい中立論」ともいいうる志向があったように思われる。安保改定から四年後の『中央公論』での対談で、細谷は今後の極東国際政治の枠組みとして、社会党が提示する日米中ソの集団安全保障ではなく、ジョージ・ケナンが提示する（オーストリアをモデルとする）米ソ共同保障による日本中立化の構想に前向きな評価を与えた。[58] 戦後国際秩序論を貫いてきた集団安全保障（世界政府）論・対・中立論という対抗軸のかかる変奏が、国際法学と政治外交史のいかなる新しい関係性を反映したものなのか、こうした問いもまた今後の魅力的な論点だろう。

（1）この論点の先駆的な俯瞰として、大沼保昭「国際社会における法と政治」国際法学会編『日本と国際法の一〇〇年 第一巻』（三省堂、二〇〇一年）。また戦間期法思想史の濃密な叙述に、西平等『法と力』（名古屋大学出版会、二〇一八年）。西のいう国際法学の「左派リアリズム」（二九六頁）の知的系譜が問うてきた主題でもあろう。

（2）大沼保昭は「植田捷雄、坂野正高等、主に六〇年代まで活躍した政治外交史学者は、国際法なかんずく条約の優れた研究を著したのに対し、七〇年代以降の国際政治学者の国際法（学）への関心・知識は不十分だった」一方、「日本の国際法学も「政治」を学問の対象から排除する傾向を色濃くもって」きたと指摘する。前掲・大沼「国際社会における法と政治」五・八頁。反面、国際政治学との架橋論が批判理論に収斂する危険を指摘するのは、濵本正太郎「書評 大沼保昭編著『国際社会における法と力』」国際法外交雑誌一〇九巻（二〇一一年）四号。

（3）丸山眞男（一九一四―一九九六）は学生時代、横田が宮沢俊義とともに「論壇のチャンピオン」だったとする。松沢弘陽・植手通有・平石直昭編『定本 丸山眞男回顧談（下）』（岩波書店、二〇一六年）二七頁。

（4）横田の「世界国家」論と憲法九条論の結びつきは、苅部直「『国連中心主義』の起源」（同『基底としての戦後』千倉書房、二〇二〇年、初出二〇一六年）二七二―二七八、二八八―二八九頁。山元一「最高裁に舞い降りた『国際民主主義』者」樋口陽一ほか編『憲法の尊厳』(日本評論社、二〇一七年)四七二―四七四頁も参照。

(5) 酒井哲哉「戦後思想と国際政治論の交錯」国際政治一一七号(一九九八年)一三二頁。英米の世界政府論について田畑茂二郎『世界政府の思想』(岩波新書、一九五〇年); Or Rosenboim, *The Emergence of Globalism: Visions of World Order in Britain and the United States, 1939–1950* (Princeton University Press, 2017); Duncan Bell, *Dreamworlds of Race: Empire and the Utopian Destiny of Anglo-America* (Princeton University Press, 2020), chap. 4.

(6) 酒井哲哉「戦後の思想空間と国際政治論」同編『日本の外交3 外交思想』(岩波書店、二〇一五年)二八三頁。

(7) 小畑郁「日本の占領管理と『革命』に対する官僚法学的対応」思想一〇二〇号(二〇〇九年)、樋口真魚『国際連盟と日本外交』(東京大学出版会、二〇二一年)二三七―二四七頁。

もっとも、横田国際法学の抽象性が外務官僚に歓迎されていたかは微妙かもしれない。「戦後の第一号」の国際法研究者として横田門下となった小田滋は、外務省の俊秀が集う条約局の中堅幹部(下田武三、高島益郎、鶴岡千仭、井川克一ら)から口をそろえて「君は横田さんのようになるなよ」と釘をさされたという。小田滋「国際法の実務家に徹した六十年」日本学士院紀要六五巻一号(二〇一〇年)三二―三三頁。

(8) 反共十字軍のような正戦論と集団安全保障の結合への警戒が中立論者に根強かったことは、前掲・酒井「戦後思想と国際政治論の交錯」一三四頁。なお、田畑茂二郎が定式化した「戦争観念の転換」(無差別戦争観→戦争違法化)論も、不戦条約や国連憲章のような「戦争違法化」規定を(田岡ら実効性懐疑論との正面衝突を避けつつ)自然法的正戦論とあえて接続し、独特の「差別戦争」概念で人類史的な正当性を与えたと指摘される(西平等「戦争概念の転換とは何か」国際法外交雑誌一〇四巻四号(二〇〇六年)六五―六八頁)。西が祖川武夫との対比によって示唆する如く、田畑の転換論が正戦論を介した「実効性の危機に晒される国連憲章体制のアポロギア」だとすれば、集団安全保障体制に批判の眼を向け続けた学者としてやや皮肉な役割を演じたともいえよう。

(9) 田中耕太郎「世界平和の基本的諸条件」高野雄一ほか編『現代国際法の課題』(有斐閣、一九五八年、のち『田

中耕太郎著作集五』春秋社、一九六四年）一四頁。傍点は前田。

（10）横田は国内レベルでも、「法廷の秩序」の自律性を脅かすとみた（多くが左翼の）抗議運動や実力行使にきわめて否定的であり、学生や市民が「法律の素養」を身につけることで世界に秩序と平和がもたらされると願った。横田『書かれた法律と生きた法律』（東京書籍、一九七九年）一二三―一二五頁、一七三頁以下。

（11）田畑茂二郎『国際社会の新しい流れの中で』（東信堂、一九八八年）二九―三一頁。一九四〇年頃に開催したが一回だけで終わった。参加者は安井、田畑の他、大平善梧（東京商大）、一又正雄（早大）、祖川武夫（京城帝大）。

（12）細谷千博「求道者・教育者」、「道」刊行委員会（代表は細谷）編『道――安井郁　生の軌跡』（法政大学出版局、一九八三年）二九一頁。

（13）前掲・田畑『国際社会の新しい流れの中で』二三頁。安井郁「国際法学における実証主義と機能主義」同『国際法学と弁証法』（法政大学出版局、一九七〇年、初出一九四三年）。

（14）西平等「書評　祖川武夫著『国際法と戦争違法化――その論理構造と歴史性』」法の科学三五号（二〇〇五年）二一六―二一七頁。

（15）酒井哲哉「戦後外交論の形成」同『近代日本の国際秩序論』（岩波書店、二〇〇七年、初出二〇〇〇年）。なお、酒井が析出した田畑と他の論者（安井や大平）の「微妙な違い」を下方修正する可能性を示唆する論考に、明石欽司「『大東亜国際法』理論」法学研究八二巻一号（二〇〇九年）。田畑の「国家平等論」における多元的秩序への転換について、石川健治「国際法学と憲法学」（大沼保昭編『二一世紀の国際法』（日本評論社、二〇一一年））二五二―二五三頁も参照。

（16）もっとも戦間期のケルゼン受容は論争性を帯びており、法の社会的機能を問うといった、実際は「本家」も視野に入れていた問題意識が、「純粋法学」像から抜け落ちていた可能性は留意すべきだろう。鵜飼信成「伝統的憲法学の意義と限界」公法研究三一号（一九六九年）八―九頁は美濃部の激しいケルゼン批判に触れて、両者に本来対立はなかったと指摘する。なお吉永圭ほか編『近代法思想史入門』(法律文化社、二〇一六年)一七一―一七二頁も参照。

(17) 市民運動家としての安井については、丸浜江里子『新装版 原水禁市民運動の誕生』(有志舎、二〇二一年、初版二〇一一年)、道場親信「原水爆禁止運動と冷戦」(前掲・酒井編『日本の外交3 国際思想』)。ただ初期からコミットした原水禁運動の分裂が深刻化した一九六四年、原水協理事長を失意のうちに辞任した。「運動も一つの生きもの人間の暗く哀しき性を映して」との痛切な歌を詠んでいる。安井は一九五二年から中国共産党が行った社共関係者への資金供与の宛名の一人でもあった。名越健郎『秘密資金の戦後政党史』(新潮選書、二〇一九年)一三六頁。

(18) 前掲・安井『国際法学と弁証法』五五九頁。傍点は前田。

(19) 実際の河村は戦時もリベラルな立場を保ったことは、赤坂幸一「最若年の最高裁オリジナル・メンバー」渡邊康行ほか編『憲法学からみた最高裁判所裁判官』(日本評論社、二〇一七年)。吉野の政治史に対する河村の思いについて、伏見岳人「高木文庫を調査して」(CPAS Newsletter, Vol. 9 No. 1, 2008)参照。

(20) 吉野政治史学については、伏見岳人「吉野作造の政治史講義」・五百旗頭薫「吉野作造政治史の射程」吉野作造講義録研究会編『吉野作造政治史講義』(岩波書店、二〇一六年)。

(21) 以下の学説史の記述は川副令「日本国際法学史研究に関する史学史的考察」(科学研究費助成事業(基盤研究(C))研究成果報告書、二〇一七年)に基づく。易平『戦争と平和の間』(TOAEP、二〇一三年)二三頁も参照。

(22) 大平善梧「国際法学の継受」拓殖大学論集七巻一号(一九三六年)。同「国際法学の移入と性法論」一橋論叢二巻四号(一九三八年)。

(23) 安井の昇任人事に強く反対した横田と田中耕太郎が一時辞表を提出する事態となった。

(24)『矢部貞治日記 銀杏の巻』(読売新聞社、一九七四年)一九四五年一一月一日、同四日の条。

(25) 前掲・田畑『国際社会の新しい流れの中で』六九頁。

(26) 中村は専門は政治思想だが、就職のため憲法学(台北帝大)のポストを得た経緯があった。飯田泰三・石川健治・杉田敦「戦後法政大学法学部を彩った教授たち」『自由と進歩の学び舎』(法政大学法学部、二〇二一年)八三頁。

(27) 大平善梧「最近の国際法学界」一橋論叢二〇巻一・二号(一九四八年)。

(28) 小畑郁「降伏と占領管理の中の秩序思想」(前掲・酒井編『日本の外交3　外交思想』二一五―二一六頁、前掲・樋口『国際連盟と日本外交』二三三―二三六頁。小畑はこれを米国の主導性を承認する議論と同視するが、神川のような対米自主論に繋がる面もあるだろう。神川については春名展生『人口・資源・領土』(千倉書房、二〇一五年)第五章。

(29) 前掲・苅部『基底としての戦後』三三二頁。なお横田は外交儀礼のような「国際礼譲(comity)」として国際法を捉える認識を例外的に有していたという。齋藤民徒「国際法と国際規範」社会科学研究五四巻五号(二〇〇三年)五七頁。

(30) 以上、前掲・小畑「降伏と占領管理の中の秩序思想」二一八―二二〇頁。いま一つ、田畑は世界国家の樹立が結果として既存の権力関係や矛盾を固定化することも危惧する(前掲・『国際法・国際政治の諸問題』九七頁)。

(31) 田畑「国際政治における大国と小国」改造三二巻三号(一九五一年)。こうした権力政治観に立つモノグラフとして、田畑『国際政治を動かす力』(郵政弘済会、一九五四年)も参照。国際政治における利害や打算の規定力を直視するからこそ、国際社会の組織化と国民の民主化が調整弁として重要との認識が導かれるのである。

(32) ただし一九五四年の論考「集団安全保障体制について」では、「二つの世界」の対立に対し第三勢力が演じる「緩衝国的な役割」は「いわゆる『均衡調整者』というものとは本質的に異っている」としている(前掲・『国際法・国際政治の諸問題』六七―六八頁)。勢力均衡観念の歴史的変遷については、西平等「国際法学における安全保障構想の系譜」法律時報八六巻一〇号(二〇一四年)参照。

(33) 田畑「国際道徳」創文社編集部編『新倫理講座五　世界と国家』(創文社、一九五一年)。なお大平が純粋法学の法理と斥けた「合意は拘束する」について、この論文は「『約束は守らなければならない(pacta sunt servanda)』といった原則」（一四五頁）と訳してむしろそこに国際法の主要な機能を見出しており、対照性が興味深い。
(34) 田畑「国連と世界政治」（一九五三年）、前掲・『国際法・国際政治の諸問題』一〇三―一〇四頁。
(35) 田畑は、ダグ・ハマーショルドのいう「防止外交」（preventive diplomacy）が集団安全保障に代わって前景化している点に注目し、スエズ戦争収拾にみられた「UNプレゼンス方式」の平和維持を高く評価する（「戦後国際政治と国際連合」前芝確三・田畑編『戦争と政治』（雄渾社、一九六八年）一三一頁）。防止外交（予防外交）の歴史については納家政嗣『国際紛争と予防外交』（有斐閣、二〇〇三年）も参照。
(36) 田畑「国連における平和の問題」理想二一四号（一九五一年）二四―二五頁。
(37) 田畑「国際連合の在り方を繞って」外交時報一九五二年一二月号九―一二頁。国連で（外的）自決の原則が前景化・具体化していく変化に注目した田畑「国連憲章からヘルシンキ宣言へ」瓜生五号（一九八三年）も参照。
(38) 田畑「国際連合の基本的性格」国連評論三巻七号（一九五七年）、同「平和保障の条件」（『岩波講座　現代思想9　戦争と平和』岩波書店、一九五七年）。
(39) 田畑への敬愛を折に触れて隠さない大沼保昭は、集団安全保障のアキレス腱を「強制措置が参加国に過大な犠牲を強いる」点に見る。つまり国家は通常、自国の枢要な利益が侵害されたと認識しない限り、人命のコストを払ってまで他国の侵略を阻止しない。大沼『国際法』（ちくま新書、二〇一八年）三六〇―三六二、三八〇頁。
(40) 田畑「非武装中立の論理と課題」潮六四号（一九六五年）五六頁。田畑はスイス型中立には否定的であり、田岡良一とはおそらく潜在的な緊張があったように推測される。田岡「中立の本来の意味」（同・関嘉彦・尾上正男・猪木正道『中立及び中立主義』日本国際連合協会京都本部、一九六一年）参照。
(41) 一九六〇年の安保改定でも、相互防衛条約への切替えは反対ながら、旧条約の不備是正は賛成という微妙な立場をとった田畑は、「わたしの発言など、ふきすさぶ政治闘争の嵐の中では、どちらの側からも、いらざる雑音だとしてあっけなく消しさられるのが落ちかも知れない」と吐露している。田畑「安保論争の前進のために」『安保体制と

自衛権　増補版』(有信堂、一九六九年）九二頁。初出は中央公論一九六〇年一月。

(42)　西平等「ドイツ反実証主義者の知的伝統」關西大學法學論集五五巻一号（二〇〇五年）七八—七九、八三頁。

(43)　京大で長く外交史を担当した立川文彦（一九一〇—一九七八）は、行政学者・長濱政壽（一九一一—一九七一）とともに田畑の助手同期だが、回顧録に長濱が何度も登場するのに比して立川への言及はない。戦時中の立川の「外交史」観について松尾尊兊「滝川事件以後」京都大学大学文書館研究紀要二号（二〇〇四年）二四頁も参照。

(44)　田畑「田岡良一先生の国際法研究のあとを顧みて」国際法外交雑誌八四巻四号（一九八五年）、同「わが国際法学の発展に尽くされた二人の先達」同九六巻四・五号（一九九七年）。

(45)　一九四八年二月から一九九三年四月まで毎月開催、計三五〇回を数えたという。報告は毎回二本立てで、一本は国際法、一本は国際私法と国際政治だった（「薬師寺公夫教授オーラルヒストリー」立命館法学三六三・三六四号（二〇一五年）七—八頁）。登壇した政治学者は、田畑『『国際問題研究会』の由来と足跡」法律時報六六巻六号（一九九四年）の挙げる範囲では、第七五回（一九五九年二月）の高坂正堯の報告「ウィーン会議」を皮切りに、猪木正道（六〇年五月）、松葉秀文（六一年一月）、北島平一郎（七二年一二月）、五百旗頭眞（八二年一二月）、中西輝政（八三年二月）らである。なお、最初期の登壇者である高坂が学生時代、田岡良一の永世中立論に傾倒したことはよく知られており、最初期に登壇したのも田岡との縁だと思われる。高坂「田岡先生のこと」JAIR Newsletter 三四号（一九八六年）、中西寛「至高のモラリスト、高坂正堯教授の国際政治学」『高坂正堯著作集　七』（都市出版、二〇〇〇年）六二三—六二七頁。

(46)　中西輝政「国際関係における「不介入」の思想」法学論叢一〇九巻五号（一九八一年）八八・一〇六—一〇七頁。タイトルからして、前述の国際問題研究会での報告（注四五）はこの論文に基づくものだろう。

(47)　香西茂「幕末開国期における国際法の導入」法学論叢九七巻五号（一九七五年）、太壽堂鼎「明治初年における日本領土の確定と国際法（一）」法学論叢一〇〇巻五・六号（一九七七年）、松井芳郎「近代日本と国際法　上」科学と思想一三号（一九七三年）。

(48) 国際法外交雑誌八六巻五号（一九八七年）九四頁（傍点は田畑）。西洋中心主義批判者が国際法支持者たりうる指摘として、田畑「アジア・アフリカ新興諸国と国際法」思想四九六号（一九六五年）も参照。

(49) 前掲・田畑『国際社会の新しい流れの中で』一五八頁。五歳年下の坂野とは親しい関係にあった（同六八頁）。

(50) 植田の一九四四年の博士論文「支那に於ける租界の研究」の審査報告（審査委員は神川彦松、横田喜三郎、江川英文）での評価も、従来手つかずの「租界の歴史的研究」を手薄な「租界の法律的研究」と総合した点に求められていた（総合研究大学院大学図書館所蔵「矢部貞治関係文書」一〇一―b一―七）。

(51) 浅野亮「報告Ⅱ」ＯＵＦＣパンフレット５（二〇一四年）一六頁。

(52) 植田は一九五二年頃に宇野重昭（一九三〇―二〇一七）に坂野を紹介したとき、「「国際法をやれと言ったのに心理学で外交史をやろうとしている人物」と言って大笑」したという（宇野重昭「坂野正高教授を悼む」JAIR Newsletter 三四号（一九八六年）傍点は前田）。実際モーゲンソーにはフロイトの影響が強く（前掲・西『法と力』一九一頁以下）、坂野も「映像」や「イメジ」が「現実」（のアクターや外交交渉）に作用する力学に関心を寄せた。外交史家が国際法より「心理学」に接近したことへの植田の（冗談含みにせよ）否定的評価は、未だ法学と政治学のはざまにあった外交史学の位置を窺わせる。植田について坂野正高「植田捷雄先生を偲ぶ」（同『イメジの万華鏡』筑摩書房、一九八二年）、志垣民郎著・岸俊光編『内閣調査室秘録』（文春新書、二〇一九年）七五―七六、八一頁も参照。

(53) 関寛治（一九二七―一九九七）は国際政治学会の創立当時を、「当初かけ出しの大学院生であった私は国際政治学という学問が、学界の片すみで細々と息をつづけているような状態に到底満足できなかった。……戦前からの国際法学会の中では国際政治の研究領域は外交史と共に国際法の付属物であるにすぎなかった。」と振り返る。また東大法学部が当初は非協力を貫いたという。関「巻頭言」JAIR Newsletter 八号（一九七九年）。

(54) 細谷は安井が主催した杉並区市民との読書会にも参加し、講師を務めることもあった。初回にカーの『新しい社会』を取り上げたのも細谷の発案という。外交史家の知られざる一面だろう。「安井郁館長の戦前・戦後――細谷千博氏へのインタヴュー」杉並区立公民館を存続させる会編『歴史の大河は流れ続ける　3』（一九八二年）二二頁。

(55)　細谷千博「故大平善梧先生を追悼する」国際法外交雑誌八八巻三号（一九八九年）五五頁。大平は、特別研究生で受け入れた細谷に外交史を専攻させ、まもなく同僚として迎え入れた人物である（有賀貞「一橋における外交史・国際関係論」一橋論叢八九巻四号（一九八三年）五八一頁）。現実主義知識人としての大平（の理論的な混乱）については、春名展生「途絶えた系譜」東京外国語大学論集九三号（二〇一六年）が優れている。

(56)　さしあたり、三谷太一郎「国際歴史共同研究におけるリーダーシップ」同『戦後民主主義をどう生きるか』（東京大学出版会、二〇一六年）、大芝亮「国際関係における理論研究と歴史研究の対話」法学新報一二三巻七号（二〇一七年）、林忠行「細谷千博」初瀬龍平ほか編『国際関係論の生成と展開』（ナカニシヤ出版、二〇一七年）参照。

(57)　前田亮介「戦後政治史学の誕生」岡義武『明治政治史　上』（岩波文庫、二〇一九年）四七八頁。なお田畑『国際法〔第二版〕』（岩波書店、一九六六年）は、政府の外交政策や条約に対する市民社会（世論、産業資本）の影響力増大の文脈で岡義武『国際政治史』（岩波書店、一九五五年）に随所で言及する（一九、七三、七六、七九、一一一頁）。

(58)　細谷千博・西春彦「ケナン論文と日本の安全保障」中央公論七九巻一一号（一九六四年）八九頁。なお前掲・田畑「非武装中立の論理と課題」四九―五〇頁もケナン論文に呼応する形で、占領期には大平や横田さえ永世中立の（潜在的）支持者だったと指摘するが、その要諦は日米安保を支持する「現実主義者」への批判にある。

解説者紹介

出口雄一（でぐち・ゆういち）
桐蔭横浜大学法学部教授。専攻は日本近現代法史。

西村裕一（にしむら・ゆういち）
北海道大学大学院法学研究科教授。専攻は憲法。

坂井大輔（さかい・だいすけ）
千葉大学大学院社会科学研究院准教授。専攻は日本法制史。

前田亮介（まえだ・りょうすけ）
北海道大学大学院法学研究科准教授。専攻は日本政治外交史。

法学者・法律家たちの八月十五日

2021年7月15日　第1版第1刷発行

編　者——日本評論社法律編集部
発行所——株式会社　日本評論社
〒170-8474 東京都豊島区南大塚 3-12-4
電話　03-3987-8621（販売）　03-3987-8592（編集）
FAX　03-3987-8590（販売）　03-3987-8596（編集）
https://www.nippyo.co.jp/　振替　00100-3-16
印　刷——株式会社精興社
製　本——株式会社難波製本
装　丁——神田程史

ISBN978-4-535-52558-0　Printed in Japan